누구의 아이인가?

Whose Child is this
by Bill Wilson

Copyright © 2012 by Bil Wilson

This Korean Edition Copyright © 2014 by Biblehouse, Inc

이 책의 한국어판 저작권은 성서원에 있습니다. 신 저작권법에 의하여
한국 내에서 보호받는 저작물이므로 무단 전재와 무단 복제를 금합니다.

누구의
아이인가?

빌 윌슨 지음 | 윤은숙 옮김

성서원

친구들의 간증

흑인 청소년이 총에 맞아 다치거나 죽게 되는 사건이 뉴스에 자주 나옵니다. 제가 살고 있는 이곳에서 그런 일은 조금 더 흔하지요. 많은 사람들이 제가 몇 년 안에 총을 가지고 다니게 될 거라고 말했어요. 하지만 그들이 몰랐던 것이 있어요. 바로, 내 인생에는 하나님이 계시다는 사실이지요. 저는 세 살 때부터 주일학교에 나가기 시작했는데 그곳에서 하나님과 하나님의 길에 대해서 배웠습니다. 그리고 전 예수님을 따르기로 결심했어요. 그러니 제가 총을 가지고 다니며 다른 사람을 쏘는 일은 절대로 없을 거예요. 제 주변에서 무슨 일이 일어나든지 전 예수님을 위해 살 거니까요.

— 빈센트 12살

주일학교에 가면 저는 기분이 너무 좋아요. 함께 하는 게임도 아주 재미있어요. 하지만 가장 좋은 것은 하나님에 대해서 얘기해 주실 때예요. 매주 토요일이면 저는 아침부터 세 시에 드릴 예배만을 생각해요. 그리고 교회에 갈 준비를 하지요. 다녀와서는 엄마 아빠께 주일학교에서 있었던 일을 전부 말씀드려요.

— 헤르난 11살

저는 주일학교가 좋아요. 하나님의 집에 가서 무엇이 옳고 무엇이 잘못된 것인지를 배우는 것이 좋아요. 그리고 게임도 재미있구요. 저는 친구들과 장난치는 것을 좋아하지만 하나님의 집에서는 하지 않아요.

－에드윈 10살

빌 목사님, 저는 주일학교가 너무 좋아요. 게임도 재미있고 그곳에 있는 사람들이 다 좋아요. 하지만 제가 가장 좋아하는 것은 설교 시간이랍니다. 저는 목사님의 설교가 그냥 너무 좋아요.

－나이제리아 8살

제가 주일학교를 좋아하는 이유
1. 저에게 하나님에 대해서 가르쳐 주세요.
2. 여러 가지 것들을 재미있게 배워서 좋아요.
3. 주일학교 선생님들이 저희를 가족같이 대해 주세요.
4. 이 세상에는 나쁜 친구들과 어울려 다니는 것보다 더 많은 좋은 것이 있다고 가르쳐 주세요.
5. 가장 중요한 것은 저희가 학교에 다녀야 하고 마약을 하면 안 된다고 가르쳐 주세요.

－캐롤 10살

저는 주일학교가 좋아요. 왜냐하면 주일학교는 신나거든요. 주님에 대해서도 배워요. 만약 주님을 믿는다면 그분이 저를 돌봐주실 거예요. 그래서 주일학교에 빠지고 싶지 않아요. 제가 주일학교에 가는 건 단지 과자나 상을 받기 위해서가 아니에요. 물론 어떤 애들은 그런 이유 때문에 가기도

하지만 전 아니에요. 제가 주일학교에 가는 이유는요, 주님에 대해 더 많이 배우고 싶고, 찬양하고 싶고, 얘기하고 싶어서예요.

— 모네시아 12살

성경을 더 많이 배우고 알려면 꼭 주일학교에 가야만 해요. 저같이 작은 꼬마도 성경 말씀을 더 이해하기 쉬워지지요. 주일학교에서는 하나님 아버지와 예수님 그리고 성령님에 대해서 가르쳐 주어요. 저는 제 마음을 다해서 하나님을 사랑하는 걸 배웠어요. 또 세상이 어떻게 생겨났는지, 누가 첫 번째 남자와 여자인지도 알게 되었어요. 제가 어떻게 행동해야 하는지도 배웠지요. 주일학교는 제가 하나님과 더 가까워질 수 있는 곳이에요. 저는 주일학교가 정말 좋아요.

— 토산디아 9살

저는 주일학교에서 성경을 가르쳐 주기 때문에 너무 좋아요. 그리고 질문에 대답하는 것이 너무 재미있어요. 제가 어른이 되었을 때도 우리 교회가 그대로 있었으면 좋겠어요. 그럼 제 아들, 딸들도 교회에서 좋은 일을 하는 사람들을 볼 수 있으니까요. 저는 주일마다 드리는 예배가 정말 좋아요.

— 타디우스 8살

주일학교에서는 성경을 가르쳐 주고, 어떻게 하면 좋은 사람이 되는지도 가르쳐 주지요. 저는 교회 선생님들이 좋아요. 왜냐하면 선생님들 모두가 저를 가족같이 대해 주시니까요. 주일학교 예배가 매일 매일 있었으면 좋겠어요.

— 조안 6살

저는 빌 목사님께서 전해 주시는 하나님의 말씀을 들으러 교회에 가요. 목사님은 부모님 말씀을 잘 듣고, 순종하고, 다른 사람을 생각하고 도와주라고 가르쳐 주세요. 전 원래 엄마 말을 잘 안 들었었는데 지금은 그렇지 않아요. 목사님, 제가 잘 하고 있는 일들에 대해 칭찬해 주셔서 정말 감사해요!

―에리카 12살

저는 주일학교에서 배우는 노래들이 좋아요. 재밌고 신나요. 그리고 게임도 좋아요. 신나고 잘 하면 상도 받아요. 또 하나님과 옛날 사람들에 대해서 가르쳐 주는 설교 시간도 너무 좋아요.

―아론 9살

주일학교는 좋은 곳인 것 같아요. 왜냐하면 하나님에 대해서 배우기도 하고 다른 애들도 만날 수 있거든요. 거기서는 모두가 친구들이고 항상 행복해요. 또 사이좋게 놀기도 해요.

―다미온 7살

저는 빌 목사님과 선생님들 모두가 다 좋아요. 그리고 예수님과 하나님에 대해서 배우러 가는 것이 너무 좋아요. 같이 게임을 하고 노래를 부르는 것도 너무 좋아요. 무엇보다 하나님과 예수님에 대해서 배울 수 있도록 친구들을 데려갈 수 있어서 좋아요.

―마리아 11살

저는 주일학교에서 옳은 일들에 대해서 가르쳐 주는 것이 좋아요. 마약을 사용하면 안 되고 학교에 다녀야 한다고 말해 주거든요. 선생님들은 하나님에 대해서 가르쳐 주시고 모든 것을 어떻게 대해야 하는지도 알려 주세요. 저희를 사람처럼 대해 주세요. 저 자신과 다른 사람들을 존중해야 한다고 말씀하시죠. 주일학교에는 늘 재미있고 신나는 게임도 있어요. 물론 놀 때와 배워야 할 때가 분명히 나눠져 있지요.

—로버트 11살

저는 주일학교가 좋아요. 왜냐하면 예수님과 그분의 사람들에 대해서 배울 수 있거든요.

—샤우나 6살

단순히 간식 때문에 오는 게 아니에요. 전 하나님 때문에 와요. 와서 그냥 떠드는 것이 아니라 하나님에 대해서 얘기해요. 그리고 하나님에 대해서 배워요. 전 목사님과 선생님들이 좋아요. 그분들은 정말 친절하세요.

—키아나 10살

감사의 글

그 동안 저에게 우정과 후원을 보내 주신 많은 분들께 감사를 드립니다. 저는 그분들 모두에게 빚진 자입니다. 특히나 영원히 닫혀 있었을 제 마음의 문을 열어 주시고 또 아낌없이 사랑을 베풀어 주신 데이비드 루데니스에게 이 책을 바칩니다.

이 책을 읽는 동안 알게 되시겠지만 데이비드의 사랑과 세밀한 배려는 이 세상에서 아무것도 아니었던 저를 구원으로 인도했습니다. 또한 그는 제가 남은 인생 동안 행해 나갈 보살핌과 관심의 표본이 되어 주신 분이기도 합니다.

이 책을 여러 면에서 부족한 저를 기꺼이 당신의 자녀로 삼아 주신 데이비드에게 바치고 싶습니다.

감사합니다. 당신이 뿌린 씨앗이 이렇게 열매를 맺었고, 또 다음 세대에까지 주욱 이어질 것입니다.

사랑합니다. 나의 친구, 데이비드.

차례

서문 12

파란 아이스박스 17

넌 여기서 기다려 39

얘들아, 미안하다… 이게 마지막이야 63

호루라기를 불면 85

그들을 버리지 마세요 105

집에 가기 싫어요 125

심방의 위력 147

거인과 싸우기 161

나는 정말 그들을 위하고 있는가 183

일주일 중 가장 신나는 시간 205

사역에서 운동으로 233

한 사람이 변화를 가져올 수 있습니까 245

이 아이는 내 아이입니다 261

에필로그 278

저자 소개 280

서문

수 년 전, 여러 해 동안의 전도 사역 후 처음 목회를 시작할 때 제 안에는 미국 대도시들에 대한 커다란 부담감이 있었습니다. 그중에서도 주님을 필요로 하는 사람들로 넘쳐나면서도 아직 개척되지 않은 이곳, 뉴욕이 제 안에 깊이 자리잡게 되었습니다. 제 마음에는 아무도 가고 싶어 하지 않는 이 땅을 향한 열정이 있었고, 또 크리스천들에게조차 잊혀져 가고 있는 이곳에서 이루어질 하나님의 역사에 대한 커다란 기대가 있었습니다.

그 비전을 품게 된 얼마 후, 엄청난 에너지와 상식을 뛰어넘는 결단력을 가진 한 청년이 아이오와 주 데번포트에 있는 하나님의 성회 웨스트사이드 교회의 버스 사역 책임자가 되었습니다. 저는 즉시 이 사람, 청년 빌 윌슨에게는 뭔가 특별한 것이 있다는 것을 알았습니다.

아마도 그의 특별한 성품이 그로 하여금 현재 뉴욕 브루클린에서 일어나고 있는 엄청난 사역의 보증서가 되게 하는 것 같습니다.

한 사람 한 사람을 향한 깊은 애정과 특별한 관심에서 나오는 저돌적이면서도 균형 있는 추진력이 빌 목사님으로 하여금 미국의 마지막

전선을 발견하게 하였고, 그곳으로 가게 했을 뿐 아니라, 어려움 가운데 있는 모든 사람들이 너무도 소중하다는 확신을 갖게 하였습니다.

빌 목사님은 아무도 원하지 않는 곳으로 홀로 갔고, 여전히 그곳에서 묵묵히 사역을 감당해 가는 복음의 개척자가 되었습니다.

그 동안 많은 사역자들이 왔다가 떠나갔지만, 빌은 그 시험의 시간들을 모두 견디어 냈습니다. 그리고 이제 그의 사역 안에 경이로운 열매들이 맺어지고 있습니다. 그것들은 잠깐 생겼다 사라지는 것들이 아닙니다.

현재 그는 많은 젊은이들을 훈련시켜, 예수 그리스도의 영광을 위해 전세계로 다니며 복음을 전하게 하고 있습니다.

빌 목사님은 단순한 사역자가 아니라 뛰어난 동기를 부여하는 지도자입니다.

그는 단순히 생각만 하는 사람이 아니라, 정말 흔치 않은 능력으로 탁월한 의사소통을 성공적으로 이뤄 가는 사람입니다. 그리고 하나님의 기름 부으심을 통해 사람들의 마음을 움직이며 그들의 인생을 변하게 하는 능력의 사람입니다.

이 책 〈누구의 아이인가〉는 하나님을 위해 무언가 특별한 일을 하고자 하는 사람들이 꼭 읽어야 할 책입니다.

빌 목사님의 개척 정신과 깊은 사랑을 알아가는 동안 당신의 가슴은 감동으로 저며 오고, 애틋함으로 죄어 올 것입니다. 그리고 이 정도면 충분하다고 생각했을 때에도 당신의 가슴은 여전히 뜨거움을 느끼게 될 것입니다.

20년 전 저의 가슴에 비전을 품게 하셨을 뿐 아니라, 그것을 빌 윌슨 목사님의 사역을 통해 눈으로 확인하게 하신 하나님께 진심으로 감사드립니다.

이제 마음과 생각을 여시고 〈누구의 아이인가〉 속으로 들어가십시오. 그리고 당신의 비전이 놀라운 방법으로 확장되는 것을 기대하십시오.

토미 바넷
(하나님의 초대 교회, 애리조나 주 피닉스)

어린아이들이 내게 오는 것을

용납하고 금하지 말라

하나님의 나라가 이런 자의 것이니라

내가 진실로 너희에게 이르노니

누구든지 하나님의 나라를

어린아이와 같이 받들지 않는 자는

결단코 그곳에 들어가지 못하리라 하시고

그 어린아이들을 안고 그들 위에

안수하시고 축복하시니라

– 막 10장 14~16절

철저히 버려진 듯한 거리의 모습과
이곳을 자신들의 정겨운 동네라고 부르는 아이들의 표정이 사뭇 비교된다.

파란
아이스박스

진실과 정의의 문제에 있어서 크고 작음이란 없다.
그것을 다루는 방법은 모두 같다.
앨버트 아인슈타인(독일, 1879~1955)

'이 어린이를 아십니까?'

뉴욕 데일리뉴스 지의 머릿기사를 보는 순간 온몸이 얼어붙는 것 같았습니다. 기사 제목 아래에 길고 검은 머리를 한 어린 소녀의 모습이 그려져 있었습니다. 눈동자는 어둡게 흐려져 있었고, 눈썹은 찌푸려져 있었습니다.

아이의 신원을 확인할 길이라고는 모그 번호 M91-5935뿐이었습니다. 몸무게가 24파운드밖에 안 나가는 것으로 보아 4살 가량의 아이일 것으로 추정되었습니다.

그 어린 소녀는 할렘가 끝에 이어져 있는 고속도로 가에서 일하는 한 공사장 일꾼에 의해 발견되었습니다. 발견 당시 소녀의 몸은 끔찍하게 나뉜 채 파란 아이스박스 속에 담겨 있었습니다.

몸엔 아무것도 걸쳐져 있지 않았고, 손과 발은 전깃줄로 묶여 있었습니다. 머리는 여느 아이처럼 조랑말 머리를 하고 있었습니다.

신문 첫 면에서 눈을 떼지 못한 채로 나는 스스로에게 말했습니다.

'우리 사이드워크 주일학교 주변에서 숱하게 일어나고 있는 사건들 중 하나가 겉으로 드러났을 뿐이야.'

어린 소녀의 삶과 죽음은 미스테리였습니다.

신문에서는 그가 죽은 지 적어도 일주일은 되었을 거라고 말했습니다. 작은 몸은 접힌 채로 초록색 쓰레기봉투에 담겨 아이스박스 속에 쑤셔넣어져 있었습니다.

뉴욕 시의 형사 부장, 조세프 보렐리는 단 한 가지만큼은 확실하다면서 이렇게 말했습니다.

"소녀의 얼굴에는 엄청난 공포와 고통이 서려 있었습니다."

난 궁금했습니다. 도대체 이 아이가 누구의 아이인지.

예쁘지 않은 그림

숱한 범죄로 물든 도시에서 이 사건은 그저 또 하나의 통계에 지나지 않겠지만, 내게는 그렇지 않습니다. 그 사건은 미국의 빈민가에 짙게 드리운 구름 가운데 걸려 있는 절대적 절망의 상징이었습니다.

신문을 내려놓는 순간 내 눈은 눈물로 가득했습니다. 십여 년을 넘게 매일같이 나는 그런 아이들을 구해내는 데 생의 한 점 한 점을 쏟아 왔습니다.

'그 소녀에게 다가갈 수 있는 기회가 정말 없었을까?'

'그 소녀는, 살해되었던 그 주에 혹 수만 명이 모인 우리 주일학교 예배에 오지는 않았을까?'

나는 생각했습니다.

'주님, 무언가 제가 좀더 할 수 있었던 것이 없었을까요?'

사무실을 걸어 나와 부시윅 에버그린과 그로브 거리 코너에 서서 빈민가의 잔혹한 삶들을 돌아보았습니다. 예쁘지 않은 그림입니다.

길 아래로 약물이 번식된 적갈색 사암들과 값싼 아파트들이 늘어서 있습니다.

낙서된 차들은 녹이 슬어 차체만 남은 채로 아무렇게나 버려져 있고, 쓰레기는 높이 쌓여 있으며, 술병과 쓰고 버린 마약 병들은 깨진 돌 조각 사이에 마구 흩어져 있습니다.

해를 거듭하며 나는 이 거리에서 총에 맞고 칼에 찔리는 사람들, 그리고 그 가운데서 값이 될 것들을 찾아 뒤적이는 사람들을 많이 보아 왔습니다.

언젠가 이 거리에서 겨우 6미터가량 떨어진 곳에서는, 우리 사역자 바로 앞에서 두 명의 남자기 살해되기도 했습니다. 구속된 사람도 없었고, 지역 신문에는 그 사건에 대해 단 한 글자의 기사도 실리지 않았습니다.

이런 상황들을 보면서 나는 끊임없이 놀랍니다.

어느 해 마지막 날 밤에는 창문 아래로 놀라운 모습을 목격하기도 했습니다. 여러 명의 청년들이 거리에 누워 차가 자신들의 위를 지나가도록 하고 있었고, 다른 한쪽에서는 수많은 총알이 허공을 향해 발사되고 있었습니다. 경찰 헬리콥터는 사람들 머리 위에서 원을 그리며 또다른 범죄 현장을 찾아 빛을 비추고 있었습니다.

정리된 혼돈

그 길 바로 건너편에는 레인골드 양조장 건물을 개조한 메트로교회가 있습니다.

내가 그 교회의 목사입니다. 강철로 된 문과 공업용 자물쇠와 면도칼 같은 철조망으로 보호된 교회를 본다면 당신은 이곳은 안전할 것이라고 생각할 것입니다.

보통때 이곳은 대부분의 사람들이 차라리 잊어버리기로 결심한, 역사의 시간으로부터 남겨진 한 부분처럼 보일 수도 있습니다. 하지만 토요일과 주일이 되면 이곳은 상상을 훨씬 뛰어넘는 가장 신나는 장소가 됩니다.

50여 대의 대형 버스들이 어린이들을 가득 태우고 거의 같은 시간에 도착합니다. 이 어린이들은 일주일 내내 이곳에 오기만을 기다려 왔습니다.

토요일 오전 9시 45분까지도 텅 비어 있던 교회는, 15분 후가 되면 벽의 끝에서 끝까지 어린이들로 가득 찹니다. 6~13살의 아이들은 이미 스펀지처럼 모든 것을 빨아들일 준비가 되어 있습니다.

나는 마이크를 휘어잡고 소리치며 노래하기 시작합니다.

"말해 봐요, 누구 편에 기대어 있어요?"

아이들이 목청 높여 대답합니다.

"주님 편에 있어요."

그리고 나서 음악 밴드와 사람 크기보다 더 큰 만화 주인공 인형, 비디오 프로젝터, 연극, 게임, 시합, 상품, 그리고 화살처럼 꽂히는 설교 말씀 등 주의 깊게 만들어진 프로그램들이 아이들의 1분 1분을 채워 갑니다. 한순간 한바탕 큰 소란이 일어난 것 같다가도, 어느 순간 개미가 기어가는 소리도 들을 수 있을 정도로 조용해집니다. 많은 어린이들이, 1시간 30분 동안 이어지는 주일학교는 자신들의 삶에서 유일한 희망이라고 합니다.

11시 30분이 되면, 어린이들은 함박웃음을 얼굴에 담고 지정된 버스로 달려갑니다. 그러고는 자신의 초라한 아파트로 돌아가는 길에 힘껏 노래를 부릅니다.

오후 1시와 4시에 교회에서는 똑같은 일이 벌어집니다. 우리는 또한 주일에도 여러 번의 다양한 예배를 드리고, 주중에는 같은 프로그램을 1시간으로 단축시킨 사이드워크 스쿨side walk school이 다섯 개의 자치구에서 진행됩니다.

미국에서 가장 큰 주일학교 중 하나이고 100명이 넘는 선임 사역자들과 300명이 넘는 자원봉사자들이 일하고 있다는 사실을 믿기가 어려워, 나는 아직까지도 나 스스로를 꼬집어 보곤 합니다.

가이드포스트 지는 우리 교회를 '올해의 교회'로 뽑았습니다. 또 한 번 나를 놀라게 했던 것은 조지 부시 대통령이 미국 도시 지역 가족을 위한 국가 위원회에 나를 초대했던 일입니다.

모순의 도시

지난 여러 해 동안의 통계를 살펴보면 우리가 마주한 현실이 얼마나 큰 도전인지를 이해할 수 있습니다. 다음은 우리가 사역하고 있는 브루클린, 사우스 브롱스, 할렘 지역에 대한 자료입니다.

- 뉴욕 시 안에서 일년에 십만 대가 넘는 차량이 도난당한다.
- 실업자 수가 국가 평균의 5배가 넘는다.
- 85퍼센트 이상의 고등학생이 졸업 전에 퇴학당한다.
- 전체 인구의 60~70퍼센트가 국가 보조를 받고 있다.
- 뉴욕 가정 법원에 작년 한 해 2만 4천 건이 넘는 아동 학대 사례가 보고되었고, 이는 지난 10년간 700퍼센트가 증가된 것이다.

급증하는 어린이, 청소년 문제는 비단 뉴욕 시만의 것이 아닙니다. 이 문제들은 모든 도시 곳곳에 자리하고 있습니다.

- 미국 도시 거주민의 30퍼센트 이상이 평균 이하의 빈곤한 생활을 하고 있다.
- 캘리포니아 주의 커뮤니티 경제 발전을 위한 인사이트 센터의 보고서에 따르면 유색 인종 어린이들이 백인 어린이들보다 가난한 가정에서 태어나고, 그 결과 평균 학력이 낮아지며, 이로 인해 재정적 불안감이 높아져 평생 힘들게 지내야 하는 경우가 4배에 달한다. 소수 민족의 어린이들은 거의 가난해지는 경우가 허다하다. 흑인 어린이의 45

퍼센트와 히스패닉계 어린이의 35퍼센트가 빈곤 한계선보다 낮은 생활을 하고 있다.

- 2009년도 타임 지에 따르면 미국의 어린이 50명 중 한 명이 집이 없다. 이는 초등학생 나이의 어린이들 중 어림잡아 4분의 3이 집이 없다는 것이고, 그중 42퍼센트의 어린이들이 6세 미만이다.
- 집 없는 어린이의 4분의 1가량이 폭력을 목격하며, 이 어린이들 중 절반가량이 두려움과 우울증에 시달린다.
- 현재 미국에서는 십만 명이 넘는 아이들이 길거리에서 생활하고 있다.
- 정상적으로 수업하는 날에도 13만 5천 명의 학생들이 학교에 총을 지니고 등교한다.
- 미국의 4백 만 명이 넘는 십대들이 알코올 중독에 빠져 있다.
- 음주와 연관된 사고들이 십대들을 죽음으로 몰고 있다. 청소년 음주운전 차량 접속사고가 빈번하고, 많은 청소년들이 음주로 인해 정신적 외상을 입거나 자살을 한다. 뿐만 아니라 음주는 성폭력이나 가정과 학교 문제의 대부분의 원인을 제공하고 있다.
- 매일 평균 1만 1,318명의 미국 청소년들(12세에서 20세)이 술을 처음 접한다. 마리화니기 6,488명, 코카인이 2,786명, 그리고 헤로인이 386명인 것과 비교되는 숫자이다.
- 매년 백만 명이 넘는 십대 소녀들이 임신한다.
- 매년 2천 5백만 명 이상의 청소년들이 성적인 질병에 걸린다.
- 백만 명이 넘는 젊은이들이 정기적으로 마약을 복용한다.
- 신생아 열 명 중 한 명이 산모의 태중에서 한 가지 이상의 불법

약물에 노출된다.

- 학교 폭력은 횟수가 점점 많아질 뿐 아니라 수위가 점점 높아져 가고, 연령대는 점점 낮아지고 있다. 사이버 폭력 통계 자료에 따르면 유치원에서부터 고등학교까지 왕따 문제가 심각한 미국 내 5대 도시는 캘리포니아, 뉴욕, 일리노이, 펜실베이니아, 워싱턴이다.
- 자료에 의하면 초등학교에서 지난 한 달 동안 한 번에서 세 번 정도 왕따를 경험한 어린이들이 23퍼센트를 넘는다. 학교 폭력은 청소년 살인과 자살의 큰 원인이 되고 있다.
- 자료에 따르면 학생들이 가정에서 폭력을 당하거나 목격하는 것이 학교 폭력으로 이어질 수 있다고 본다.
- 61퍼센트 이상의 학생들이, 학내 총기 사건의 배경에 가정의 신체적 폭력이 있다고 말한다.

강의를 위해 여러 곳을 다니다 보면 사람들은 나를 한쪽 구석으로 데려가서는 묻습니다.

"왜 뉴욕과 같은 도시가 그렇게도 문제가 많습니까?"

무어라고 바로 대답해 주고 싶지만, 빈민가의 문제는 단순히 한두 가지가 원인이 되어 생겨난 것은 아닙니다. 여기에는 많은 문제들이 얽히고설켜 있습니다. 중국 서커스의 묘기 중 접시돌리기를 연상하면 됩니다. 접시 전부를 다 돌릴 무렵 다시 처음에 돌렸던 접시로 되돌아가 그것이 멈추지 않게끔 하는 것처럼, 문제가 문제를 가지고 묘기를 부리는 것입니다. 그리고 그것이 이곳 생활의 일부분입니다.

내가 알고 있는 뉴욕은 엄청난 대조와 모순 그 자체입니다. 뉴욕 시다섯 개의 독립구가 현저히 다른 성격의 이웃을 가지고 있습니다. 각각의 지역이 그들만의 독특한 특색을 갖고 있는 것입니다. 아주 부유한 층이 있는가 하면 형편없이 빈곤한 층이 있습니다. 그 중간층에 속하는 사람들은 경제적인 압박감이나 범죄의 두려움 때문에 뉴욕 시를 떠나고 있습니다. 이 도시 섬 가운데 남아 있는 최후의 중간층 지배 계급들이 이곳을 빠져나가려고 애를 씁니다. 너무 지쳐 버린 것입니다.

다른 아이들을 향한 경고

우리 주변에는 아직도 사랑과 관심에 굶주려 있는 9백만 명에 가까운 어린이들이 있습니다.

1991년 25만 명이 모인 센트럴파크 집회에서 빌리 그레이엄 목사님이 말했습니다.

"뉴욕은 이 세상에서 가장 외로운 도시입니다."

이는 내가 직접 확인한 것이기도 합니다.

얼마 전 한 젊은 여인으로부터 장례식을 집도해 달라는 전화를 받았습니다. 에이즈로 세상을 마친 십대 소녀의 장례식이었습니다.

뉴욕에 살기 시작하면서 내가 원칙으로 삼은 것이 하나 있습니다. 바로 내가 집도하는 장례식의 시신을 직접 보는 것입니다. 이번에도 마찬가지로 장례식 전날 밤 시신이 안치되어 있는 곳을 찾아갔습니다. 안내인이 시신이 있는 방으로 나를 데려간 후 장갑을 낀 손으로 시신이 들어 있는 백의 지퍼를 내리기 시작했습니다. 시신이 드러나는 순간 나는 시신을 보기로 한 원칙을 만든 것에 대해 깊이 후회했습니다. 그녀의 머리는 내 주먹만 했고, 양쪽 눈과 코, 그리고 한쪽 귀는 아예 없었습니다. 안내인에게 감사의 인사를 한 뒤 급하게 가장 가까운 출입구를 찾았습니다. 물어볼 여지도 없이 그것은 내가 이 세상에서 본 것들 중 가장 끔찍한 장면이었습니다. 에이즈 균이 소녀를 형체조차 알아볼 수 없도록 처참히 망가뜨린 것입니다.

"제 동생의 죽음이 다른 어린이들에게 경고가 되었으면 해요, 목사님."

죽은 소녀의 언니는 장례식을 메트로교회에서 치러 달라고 부탁했습니다.

죽은 소녀는 아주 어렸을 때 메트로교회에 나왔었지만 후에 예수님을 떠났습니다. 어리석은 결정이었지요. 하지만 감사하게도 그 소녀는 혼수상태로 빠지기 직전에 어릴 때 주일학교에서 배웠던 것들을 기억해 냈고, 하나님 품 안에 평안히 잠들었습니다. 소녀는 예수님을 따라 살기를 포기했을 때 어떤 일이 일어나는지, 다른 사람들도 알게 되기를 원했던 것입니다.

브루클린에 사는 어린이 중 아무나 붙잡고 마약이 그들의 가정에 어떤 영향을 끼쳤는지에 대해 얘기해 본다면 당신은 아마도 큰 충격을 받을 것입니다. 1980년대 중반 코카인이 홍수처럼 뉴욕에 밀려들어왔을 때 어마어마한 숫자의 사람들이 그것을 선택했습니다.

우리가 사역하고 있는 어린이들은 당시 임신 중에 마약을 복용했던 여인들의 크랙 베이비crack babies의 첫 번째 세대일 뿐입니다. 내가 보아온 이 죄 없는 아이들의 몸은 마치 망가진 인형 같습니다. 스스로의 힘으로는 앉지도 서지도 못하고, 많은 아이들이 벙어리나 귀머거리인 상태로 태어납니다. 세 살 난 아이들이 생후 4개월 된 아기들 같고, 어떤 아이들은 그저 뼈만 붙여 놓은 것 같습니다. 이들은 수동적이고 성격이 까다로우며 진정시킬 수 없을 정도로 난폭하기까지 합니다.

몇 분의 의사 선생님들을 만나 이 어린이들에 대해 이야기해 보았습니다. 코카인이 산모의 몸 속에 들어가면 태아에게 공급할 산소의 양을 감소시키기 때문에 태아가 기형이 되거나, 두뇌나 근육의 발달에 치명적인 타격을 받게 된다고 합니다. 어떤 아기들은 머리가 아주 작은 모습으로 태어나기도 합니다. 그야말로 비극의 세대인 것입니다,

소량의 마약을 구하기 위해 7살 난 딸을 땅바닥에 뉜 채 마약 거래자가 성폭행을 하도록 붙잡고 있는 엄마를 이곳 브롱스 지역에서 볼 수 있습니다.

마약을 상습 복용하는 한 부부가 두 살과 다섯 살 난 두 딸을 팔겠다고 우리 사역자 부부에게 온 적도 있습니다. 그날 필요한 마약을 살 돈이 필요했던 것입니다. 그 어린 딸들을 사지 않는다면 누군가가 그들을 사서 상상하기도 끔찍한 일들을 벌일 것을 잘 알기 때문에, 우리 사역자 부부는 그 귀한 아이들을 위해 값을 지불하였습니다. 그리고 그들의 네 자녀와 함께 이 아이들을 3년 동안 양육했습니다.

그런가 하면 이곳의 '보통' 청소년들은 또다른 이해할 수 없는 상황에 대면해 있습니다. 소년들은 열두 살에서 열네 살이 채 되기도 전에 술 주정뱅이가 되거나 마약 복용을 합니다. 물론 이것은 다 법에 위반되는 행위입니다. 많은 소녀들은 임신을 하거나 평생 빠져나올 수 없는 매춘이나 절망에 발목을 잡히고 맙니다. 그야말로 아이가 아이를

낳는 어처구니 없는 일들이 생기고 있는 것입니다. 이것이 이곳의 현실입니다.

머시룸과 베이비 뮬즈

빈민가의 환경은 아주 특이합니다. 이곳에는 이들만의 독특한 언어가 있습니다. 예를 들면 머시룸 같은 것인데, 이것은 두 갱단이 싸우면서 쏘아대는 총알에 맞는 아이들을 가리키는 단어입니다. 파이어 크래커 Fire cracker는 유치원 선생님들이 교실 밖에서 총알이 쏟아지는 상황을 어린이들에게 알리는 신호입니다. 베이비 뮬즈 Baby Mules는 마약업자들이 마약이나 무기를 배달하는 데 이용하는 아이들을 칭하는 말입니다.

우리의 사역에 동참하기 위해 이곳 뉴욕에 새로 오는 분들은 이런 문화 충격에 적잖이 놀랍니다. 많은 이들이 이곳 주민의 실상에 마음 아파 하며 그들을 돕고 싶어 합니다.

한번은 새로 온 사역자가 길거리의 한 여자를 근처의 상점으로 데리고 가, 60달러가 훨씬 넘는 식료품들을 사 주었습니다. 얼마 지나지 않아 그분은 믿을 수 없는 광경을 보았습니다. 조금 전 그 여인이 현금을 만들기 위해 지하철역에서 그 식품들을 팔고 있는 것이었습니다.

내가 그분에게 미리 말해 주었어야 했습니다. 어느 추수감사절에 있었던 일입니다. 우리는 집에 먹을것이 없어 굶고 있는 우리 교회 아이들에게 칠면조를 나누어 주었습니다. 그런데 우리 교회 바로 옆 골목에서 그들의 부모들이 그 칠면조를 팔고 있었습니다. 또 이곳 브루클린에서 사역을 시작한 지 얼마 안 되었을 때는 주일학교 학생들에게 신약 성경을 나누어 준 적이 있습니다. 그런데 그 다음 주에 학생들 중 몇이 교회에 와서는 우는 것이었습니다. 부모들이 성경책을 찢어 둘둘 말아서는 마리화나를 피우는 데 사용했다는 것입니다. 성경책 종이가 바로 그들이 찾던 종류였던 것입니다.

우리가 매주 만나는 어린이들은 그들의 인생 가운데 선택할 수 있는 것이 거의 없습니다. 그들은 학교에서 팀을 짜서 하는 운동은 하지 않습니다. 그랬다가는 통제할 수 없는 폭력으로 이어지기 때문입니다. 그래서 고등학교에서조차 토의를 하는 그룹이라든가 테니스 클럽, 악단 같은 것들은 찾아볼 수 없습니다. 대신 어린이들은 불타 버린 건물의 계단 한쪽에서 놀거나 길거리에서 핸드볼을 합니다.

이곳에서는 대부분의 경우 초등학교 졸업식에서 학사모를 씁니다. 대부분의 아이들이 고등학교까지 마치지 못한다는 것을 알고 있기 때문입니다.

두려움에 둘러싸여

월 스트리트와 맨해튼의 부유한 빌딩의 그림자 뒤에서 자라난다는 것은 빈민가 청소년들에게 있어 좌절의 총체입니다. 텔레비전에서는 130달러짜리 운동화나 350달러짜리 가죽 점퍼를 갖지 않으면 사람 취급도 못 받는 것처럼 광고를 합니다. 이는 운동화도, 직업도, 미래도 없는 이곳 빈민가의 청소년들에게도 마찬가지입니다. 그리고 그것은 그들로 하여금 불행을 자처하는 결정을 하게끔 만듭니다. 그들은 500달러를 빨리 버는 것만이 성공이요 인정을 받는 길이라고 생각합니다. 그리고 불행하게도, 마약 거래상들은 그들에게 망을 보게 하고, 하루에 100달러를 기꺼이 지불합니다.

그런데 왜 그곳을 떠나지 않느냐구요? 어디로 가겠습니까? 그들은 두려움과 절망에 둘러싸여 있고, 주위에서 보고 배울 만한 어른은 찾아보기 어렵습니다. 이곳 사람들에게는 불안이 늘 함께합니다. 다음 순간에 무슨 일이 생길지 아무도 예측할 수 없습니다.

절망뿐입니다. 이불을 서넛이 같이 쓰거나 심지어 낯선 사람들과 함께 쓰는 상황 속에서 희망을 찾는다는 것은 쉬운 일이 아닙니다. 한번은 가족들이 교대로 잠을 자는 집을 방문한 적이 있습니다. 이불이 충분하지 않기 때문이지요. 수도가 고장나는 것과 난방이 안 되는 것은 예사입니다.

삶의 본보기가 되는 어른 또한 거의 찾을 수 없습니다. 이 지역의 70퍼센트 이상이 미혼모 가정입니다. 대부분의 어린이들이 아버지를 본 적이 없습니다. 혹 본다 해도 길거리 모퉁이에서 서성거리거나 술에 잔뜩 취해 있는 모습들입니다. 보고 배울 만한 건강한 부모들은 거의 찾아볼 수가 없습니다.

어린 소녀들은 아이를 가질 수 있는 날을 손꼽아 기다립니다. 그렇게 되면 복지 수당을 받을 수 있기 때문입니다. 뜨거운 여름날 오후면 아파트 창문마다 베개에 팔을 꿰고 기대 앉아 있는 여자들을 쉽게 찾아볼 수 있습니다. 그들은 그렇게 몇 시간씩 앉아 밖을 내다봅니다.

그들이 내다보는 거리는 텔레비전 드라마보다 훨씬 흥미진진합니다. 그곳에서 생과 사의 실제 장면들이 매일 펼쳐집니다.

 이곳에 사는 날이 길어질수록 크게 깨닫게 되는 것은 인간의 존엄성에 대한 가치가 거의 없다는 것입니다. 한번은 금요일 오후에 교회 버스를 운전하다가 우연히 쓰레기통을 보게 되었습니다. 3주 정도 된 아기의 시신이 마치 버려진 인형처럼 담겨 있었습니다. 그러나 아무도 신경 쓰지 않았습니다. 저녁 뉴스에 어린이 사망에 대한 보도가 나오면 아무 반응 없이 채널을 돌리는 것이 그들입니다.

불량배들의 습격

나는 어느 날 밤 교회로 걸려온 끔찍한 전화 한 통을 아직도 잊을 수가 없습니다.

 "목사님, 빨리 오셔야겠어요. 여기 드캅애비뉴인데요, 괴한들이 버스 팀장을 덮쳐서 건물 꼭대기로 끌고 갔어요."

 나는 온 힘을 다해 그곳으로 달려갔습니다. 전화를 건 친구는 그 지역 담당 시역지인 비스 팀장을 도와 이런이들을 심빙하던 두 명의 정소년들 중 하나였습니다. 세 명의 불량배들이 버스 팀장을 덮치자 이들은 그저 뛰어 달아났던 것입니다. 20세 가량의 불량배들은 버스 팀장을 건물 옥상으로 데리고 가서는 강간을 했습니다. 응급차는 경찰의 경호 없이는 그런 건물에 오지 않았고, 경찰은 신고에 응답하지 않았습니다. 이제 모든 상황은 나에게 떠맡겨졌습니다. 그녀를 향해 달려가는 것 외에 내게는 선택의 여지가 없었습니다. 내가 건물 옥상에 도착했을 때는 불량배들이 우리 사역자를 덮친 후 도망쳐 버린 뒤였습니다. 그녀는 옥상 한 구석에 웅크리고 있었습니다. 옷은 찢겨 있었고 얼굴은 피범벅이 되어 있었습니다. 나는 절대로 그 일을 잊을 수가 없습니다. 눈을 감으면 그 사역자의 얼굴이 선명하게 보입니다. 결코 나의 뇌리에서 사라지지 않습니다.

우리는 그런 모순과 폭력 속에서 살면서도 흔히 '나와는 상관없는 일'이라고 생각합니다. 하지만 그렇지 않습니다. 그 일은 '일어날지 말지'가 아니라 '언제 일어날지 모르는' 문제입니다.

이곳 브루클린에 온 지 얼마 되지 않았을 때의 일입니다. 심방하는 지역을 걸어가던 중, 나는 내 앞에 있던 여러 명의 불량배들을 보는 대신에 땅바닥을 내려다보는 실수를 했습니다. 아무 생각 없이 걷고 있었던 것입니다.

그 거리의 사분의 일쯤 되는 지점에서 멈추어 고개를 들었을 땐 그들이 있었습니다. 나는 그저 무엇을 할 수 있을까를 생각해 내려 했습니다. 그들이 나의 행로를 이미 알고 있기 때문에 거기서 길을 건넌다면 우습게 보일 것이 뻔했습니다. 내가 내린 결론은 '그래, 아무렇지 않게 그냥 지나가자'였습니다.

하지만 상황은 내 생각대로 되지 않았습니다. 내가 어느 방향으로 가려고 하든지 그들은 단 한 치도 비켜주지 않았습니다. 다시 한 번 다른 곳으로 지나가려고 하자 그들 중 한 명이 나를 밀치며 말했습니다.

"돈 내놔."

옆에 있던 다른 녀석이 칼을 빼어 들었습니다. 가지고 있는 돈이 없다고 했지만 그들은 믿지 않았습니다. 하지만 사실이었습니다. 나는 절대로 현금을 지닌 채 길을 다니지 않습니다. 내가 뒤로 물러나려고 하자 그들이 한꺼번에 달려들어 저를 때리기 시작했습니다. 맞서기에는 너무 많은 숫자였습니다. 한 녀석이 칼로 내 팔을 찔렀고 이내 피가 솟구쳐 올랐습니다. 그러고는 나를 둘러쌌던 것만큼이나 빠른 속도로 사라져 버렸습니다.

'이게 정말 가치 있는 일일까'에 대한 고민이 고개를 드는 순간이었습니다.

인간 횃불

이런 일도 있었습니다. 심방을 마치고 집으로 돌아오는 길, 갑자기 대여섯 명쯤 되는 십대 후반의 녀석들이 나를 둘러싸고는 내 팔을 움켜쥐었습니다. 그들 중 하나는 휘발유를, 다른 하나는 가스 라이터를 가지고 있었습니다.

그들이 내 옷에 휘발유를 뿌리고 나를 인간 횃불로 만들기 직전에 기꺼운 건물 쪽에서 한 남자 아이가 스페인 말로 뭐라고 소리쳤습니다. 그 아이가 뭐라고 말했는지 모르겠습니다만, 그 순간 불량배들이 갑자기 마치 아무 일도 없었던 것처럼 그냥 가버렸습니다. 나는 그 순간 하나님께서 지켜 주신 것이라고 믿고 그분께 영광을 돌립니다.

이렇게 몇 번의 실제 상황을 겪고 나니 주변에서 일어날 모든 상황에 대한 직감이 발달하게 됩니다. 그래서 항상 주위를 살피고 아주 약간의 위험만 느껴져도 즉시 대응할 준비를 하게 됩니다. 이 집중력을 잃는 것은 치명적일 수 있습니다. 하지만 이것은 꽤 긴 시간을 필요로 합니다. 따라서 대부분의 외부인들은 이것을 배울 시간이 없습니다.

뉴욕의 빈민가가 처음인 사람들은 버려진 건물들 벽에 길거리 화가들이 그려놓은 현란한 벽화를 보고는 당황하게 됩니다. 대부분 굵고 현란한 색상의 컬러 분무기나 마커펜으로 그린 것입니다. 이것은 때때로 누군가 살해된 장소의 표시이기도 합니다.

모든 그림에는 사연이 있습니다. 때때로 한쪽 곁에 글씨가 쓰여 있기도 합니다. 지난 주에 내가 본 벽화에는 '피토를 기억하며, 엄마와 아빠는 너를 사랑한단다'라고 쓰여 있었습니다. 태어나고 죽은 날짜로 보아 피토는 17살 소년이었던 것 같습니다. 누군가 길거리에서 죽음을 당하면 이 벽화는 그들의 묘석이 됩니다. 이 그림 혹은 글씨들은 그들이 이 세상에 살았었다는 것을 인정하는 유일한 증거가 될 것입니다.

하지만 이것도 잠시뿐입니다. 또다시 누군가 총에 맞으면 그 그림은 다음 사람의 것으로 바뀌게 됩니다. 또다른 누군가의 이름이 적힌 채….

나는 이렇게 누군가가 되고 싶었던, 그렇지만 아무도 되지 않았던 사람들의 묘석을 수도 없이 보았습니다.

묘지에서의 괴음

나는 마약 밀매업을 도왔던 퓨에르토 리칸이라는 소년의 장례식 집도를 맡아달라고 부탁받은 일을 절대로 잊을 수가 없습니다. 그의 부모님이 기독교인이었기 때문에 목사인 나에게 부탁을 한 것입니다. 장례식 때 나는 말씀과 기도를 마치고, 아름답게 잘 만들어진 철제관이 땅에 묻히는 것을 본 후 자리를 떠나려 하고 있었습니다. 순간 내가 서 있던 바로 뒤에서 무언가 '꽝' 하고 부서지는 소리가 났습니다. 뒤를 돌아본 나는 경악을 금치 못했습니다. 소년의 가족들이 관에 돌을 집어던지고 있었던 것입니다. 급히 돌아가 보니 그 아름다웠던 관에 기다랗게 금이 가 있었습니다.

'이 사람들이 죽은 소년에 대해 화가 났던 것일까?'

나는 당황하여 물었습니다.

"왜 그러십니까? 무슨 일이지요?"

그들이 대답했습니다.

"걱정하지 마세요, 목사님. 만약 우리가 이렇게 하지 않으면 장례회사에서 오늘 밤에 무덤을 파고 이 아이의 시신을 나무관에 옮기고는 이 관을 잘 닦아 다른 사람들에게 또 팔 거예요. 이곳 묘지 관리자들은 장례관련업자들이 이렇게 할 수 있도록 뒷거래를 함으로써 또다른 수익을 챙기거든요. 그들은 이렇게 해서 같은 관을 팔고 또 팝니다."

나는 수도 없이 많은 밤을 잠을 이루지 못한 채 스스로에게 물었습니다.

"내가 하고 있는 일이 정말 가치 있는 일일까?"

"내가 시간을 허비하고 있는 것은 아닐까?"

"이 일에 신경 쓰는 사람이 하나라도 있을까?"

바로 그때 내 머리를 스치고 가는 것이 있었습니다. 지린내가 나는 계단을 걸어 올라가 주일학교로 가는 버스를 기다리는 작은 소년의 얼굴이었습니다. 그 소년의 이름은 타이론이고 나이는 여섯 살입니다. 그는 빠른 속도로 달려와 내 품으로 뛰어오르며 말합니다.

"목사님, 목사님."

그는 나를 절대로 놓지 않을 것처럼 내 목을 꽉 끌어안습니다. 내가 그곳에 없었다면 어땠을까요? 만약 버스가 오지 않았다면? 만약 그 소년이 희망의 메시지를 들을 수 있는 기회를 전혀 가질 수 없었다면?

이 일을 통해 우리가 얻는 교훈들은 단순히 부시윅이나 이곳 할렘에만 해당되는 것만은 아닙니다. 그것들은 보스턴에서 버뱅크에 이르기까지 미국 전역에 있는 버려진 세대를 위한 것입니다. 이 책을 통해서 여러분은 우리가 뉴욕 시에서 아이들에게 사역하는 방법이 당신이 살고 있는 그곳에도 그대로 적용될 수 있다는 것을 알게 될 것입니다.

우리는 그 아이들에게 다가가야 합니다. 학교는 지금 인생의 기본적인 가치와 우선 순위를 가르치는 것에 실패하고 있습니다. 부모들은 세서미 스트리트와 같은 텔레비전 프로그램에 아이들을 맡기거나, 어른들 보기에도 민망한 영상에 자녀들을 노출시키고 있습니다. 교회는 적당하지 않거나 시대에 뒤떨어진 프로그램으로 아이들을 가르치고 있습니다. 수많은 시간들을 고민한 끝에 내가 얻은 결론은 미국의 어린이들을 훈련시키기 위해 커다란 개혁이 필요하다는 것입니다.

감옥이나 갱생 훈련원을 짓는 것만이 답이 아닙니다. 이는 마치 암세포 위에 일회용 밴드를 붙이는 꼴입니다. 우리는 그들이 어릴 때 다가가야 합니다. 이것은 기독교인들이 오랜 기간 숱하게 논쟁해 왔던

'예방이냐 간섭이냐'의 문제이기도 합니다. 우리는 보통 무언가 일이 터진 후까지 기다리다가 일이 터지고 나면 수습하기 시작합니다. 산 주위에 울타리를 치겠습니까, 아니면 응급차를 산 아래에 대기시키겠습니까? 바로 이것이 문제입니다.

누구의 아이입니까?

이 질문은 하루라도 빨리 던져져야 합니다. 또다시 누군가가 파란색 아이스박스에 담긴 채 길거리에서 발견되기 전에… 누군가의 아이가 이름이 아닌 M91-5935라는 번호로 불리기 전에 말입니다.

어린이들이 흥분된 표정으로
메트로 주일학교 버스에서 내릴 준비를 하고 있다.

빌 윌슨 목사는 바쁜 일정에도 불구하고
가능한 모든 시간에 자신의 담당 구역 버스를 직접 운전한다.

넌 여기서 기다려

인생에서 큰 슬픔을 만나거든 담대하고 작은 어려움은 인내하라.
힘든 하루 일과를 끝내고 나면 평안히 잠자리에 들라.
하나님은 깨어 계시다.
빅토르 휴고(1802~1885, 프랑스의 시인이며 노벨문학상 수상자)

그때 나는 열네 살이었습니다. 나는 우리가 살던 플로리다의 파인라스 공원 – 세인트 피터스버그 북쪽 – 거리를 엄마와 함께 걷고 있었습니다. 공원 옆에는 엄마가 웨이트리스로 일하던 여관이 있었습니다. 우리는 조그만 배수로 위에 지은 콘크리트 다리 위에 앉았습니다. 그날따리 말이 없던 엄마는 갑자기 벌떡 일어나서 이렇게 말했습니다.

"더 이상은 못 하겠어! 넌 여기서 기다려."

그 말을 듣는 순간 나는 어안이 벙벙했습니다. 도대체 무엇을 더 못 하겠다는 뜻인지 알 수가 없었습니다.

그래도 나는 엄마의 말대로 그 자리에서 엄마가 돌아오기만을 기다렸습니다. 하지만 해가 저물어도 엄마는 돌아오지 않았습니다.

다음 날도 똑같은 자리에 앉아 있었습니다. 머릿속에서 이런저런 생각이 들었습니다. 나는 당시 부모님이 어려운 시기를 보내고 있다는 사실을 잘 알고 있었습니다. 아니, 사실 우리 가족이 행복했던 적은 한 번도 없었던 것 같습니다.

나는 사우스 보스턴South Boston에서 태어났습니다. 아버지가 버스 운전을 해서 버는 돈은 우리 가족이 먹고 살기에는 턱없이 부족했습니다. 결국 우리는 샌프란시스코로 가면 생활이 나아질 것이라는 아버지 의견을 따라 서부로 이사를 했습니다. 웨스트 코스트에 살던 그때 나는 열두 살이었고 누나 샐리는 나보다 여덟 살이 많았습니다. 언제나 나를 격려해 주고 보호해 주던 누나는 내가 안도감을 느낄 수 있게 해준 유일한 사람이었습니다. 몸이 비쩍 마르고 약했던 나는 동네 장난꾸러기들의 놀림감이 되기 일쑤였습니다. 아무도 나를 도와주지 않을 것이라고 생각할 때마다 누나는 내 구세주가 되어 주었습니다.

아버지의 기대와 달리 샌프란시스코에서의 생활은 예전에 비해 조금도 나아지지 않았습니다. 그러던 중 아버지는 친척이 있는 플로리다로 이사할 것이라고 말했습니다. 그러나 우리 가족이 선샤인 스테이트(Sunshine State, 플로리다 주의 별명-역주)로 이사한 것이 너무나 큰 실수라는 사실을 알게 되기까지는 한 달도 채 걸리지 않았습니다. 한 번도 행복한 적 없던 우리 가정은 결국 부모님의 이혼으로 산산조각이 났고, 결핵에 걸린 아버지는 탬파의 결핵 병원에 입원하는 신세가 되었습니다.

엄마는 어디에?

나는 어릴 때 부모님의 사랑을 한 번도 느껴보지 못했습니다. 특히 아버지는 언제나 낯선 존재였고, 엄마는 삶의 고통을 잊기 위해 몸부림치다가 결국 알코올 중독자가 되고 말았습니다.

엄마는 아버지와 이혼한 후 술을 더 많이 마시기 시작했습니다. 밤마다 엄마가 술집에서 만난 사내를 집으로 데려오는 나날이 계속되었습니다. 그 사내들은 하나같이 아주 거칠고 우락부락했습니다. 나는 매일 밤, 욕하고 싸우는 소리와 떠들썩하게 먹고 마시는 소리를 들으며 잠을 청해야 했습니다. 어느 밤인가는, 총을 발견하고는 얼떨결에 엄마가 데려온 사내에게 총부리를 겨눈 적도 있었습니다.

둘째 날, 여전히 콘크리트 다리에 혼자 앉아 있으면서 엄마가 며칠씩 집에 돌아오지 않던 것이 생각났습니다.

'이번에도 그럴까? 아냐, 그럴 리 없어. 엄마는 금방 올 거야.'

이렇게 스스로를 달래며 엄마를 기다렸습니다.

셋째 날에도 플로리다의 뜨거운 태양빛을 받으며 그 자리에 홀로 앉아 있었습니다. 누나는 결혼해서 뉴저지로 이사 갔고 아버지는 병원에 있었기 때문에, 어떻게 해야 할지 어디로 가야 할지 막막하기만 했습니다. 기도하는 방법을 알았다면 그렇게 했을 테지만, 우리 집에는 종교를 위한 자리가 없었습니다. 내가 할 수 있는 것이라고는 용기를 잃지 않으려고 노력하는 일과 흐르는 눈물을 애써 참는 일뿐이었습니다.

결국 엄마는 돌아오지 않았습니다.

그런데 내가 사흘 내내 똑같은 자리에 앉아 있는 것을 본 사람이 있었습니다. 바로 길 건너에 살던 데이비드 루데니스였습니다. 나는 전에 그가 집에서 경주용 자동차를 수리하는 모습을 구경한 적이 있었습니다. 아저씨는 내가 앉아 있는 곳으로 와서 먹을 것을 가져다 주겠다고 말했습니다. 자동차 수리공이었던 그는 경주용 자동차 몰기를 좋아했습니다. 그가 물었습니다.

"얘야, 괜찮니?"

나는 대답했습니다.

"그냥요."

"청소년 캠프에 한번 가 보면 어떻겠니?"

"그게 뭔데요?"

"아마 마음에 들 거다. 네 또래 애들이 많을 거야. 소프트볼이랑 수영도 하고 예배도 드린단다."

'예배? 그게 도대체 뭐지?'

나는 속으로 이렇게 생각했습니다.

데이비드는 일주일치 캠프 비용 17달러 50센트를 대신 내주고, 나를 목사님의 교회 밴에 다른 아이들과 함께 태웠습니다. 그렇게 나는 플로리다 중부의 알라피아 캠프장으로 향했습니다.

더 이상 혼자가 아니야

나는 처음부터 혼자였습니다. 그것은 내가 다른 사람들과 어울릴 줄 몰랐기 때문이기도 했고 스스로 내가 못났다고 생각했기 때문이기도 했습니다. 나는 키가 큰데다 피골이 상접할 만큼 비쩍 마른 아이였습니다. 게다가 치아는 튀어나오고 턱 구조가 이상했을 뿐 아니라 언제나 구멍난 바지를 입고 다녔습니다.

나는 캠프장에 도착해서도 좀처럼 사람들과 어울리려고 하지 않았습니다. 하지만 수요일 밤에 들은 설교는 내 인생을 통째로 바꿔 놓았습니다. 나는 예수님이 나로 인해 십자가에 못박혀 돌아가셨고 다시 살아나신 예수님과 영원히 함께 할 수 있다는 말을 처음 듣게 되었습니다.

그날 설교하신 분과 설교의 주제는 생각나지 않습니다. 하지만 나는 그날 밤 강당 앞으로 걸어가 제단 왼쪽에 무릎을 꿇고 이렇게 말했습니다.

"예수님, 저의 죄를 용서해 주세요. 제 인생을 예수님께 바치고 싶어요."

나는 앞으로 어떻게든 내 인생이 달라질 것이라는 사실을 알고 있었습니다. 캠프가 끝나고 세인트 피터스버그로 돌아가자 데이비드 아저씨가 나를 기다리고 있었습니다. 내가 캠프장에서 예수님을 받아들였다는 사실을 이미 알고 있던 아저씨는 이렇게 말했습니다.

"얘야, 우리 모두 널 얼마나 사랑하는지 알아 줬으면 좋겠구나. 다 잘 될 테니까 걱정하지 않아도 된다. 우리가 널 보살펴 주마."

그렇게 따뜻한 말을 들어보기는 생전 처음이었습니다.

그 다음 주, 나는 처음으로 주일 예배에 참석했습니다. 또래 아이들과 함께 있기가 불편했기 때문에 혼자 떨어져 앉았습니다. 생김새와 구멍난 바지 때문에 놀림거리가 되리라고 생각해서였습니다.

예배 도중에 설교자가 "269쪽 생명의 샘 찬송을 부릅시다"라고 말했습니다. 찬송가집을 보고 찬송가를 불러 본 적이 없던 나는 책을 읽듯이 한 줄씩 가사를 읽으면 되는 줄 알았습니다. 물론 그럴 리가 없었지요.

내가 잘못 하고 있다는 사실도 모른 채 찬송가를 따라 불렀습니다. 그때 뒷자리의 친절한 중년 부인이 내 쪽으로 몸을 숙이고 내 어깨 위에 지그시 손을 올려놓으면서 말했습니다.

"내가 좀 도와주마."

교회 사람들은 인내심을 가지고 나를 대해 주었습니다. 나는 데이비드가 다니는 교회로 거처를 옮겼습니다. 그곳 사람들은 친절 그 이상이었습니다. 그들은 나를 진심을 다해 돌보아 주었습니다. 나를 소년들을 위한 프로그램에 합류하도록 해 주었고, 그곳에서 내가 소외감을 느끼지 않고 그룹의 일원으로 적응할 수 있도록 세심하게 배려해 주었습니다.

공중전화 박스에서

그 프로그램에서는 매듭을 묶는 방법부터 성냥 없이 불을 붙이는 방법까지 많은 것을 가르쳐 주었습니다. 또한 타인과 예수님의 존재를 나누는 것이 중요하다는 사실도 가르쳤습니다. 대장은 그것이 '기독교인이 가야 할 길'이라고 말했습니다.

하지만 그것은 극도로 내성적이었던 나로서는 도저히 할 수 없는 일처럼 느껴졌습니다. 특히 복음 전단지를 나누어 주러 나갈 때면 나는 공포에 사로잡힐 지경이었습니다. 그래서 나는 아무도 없을 때 공중전화 박스로 가서 슬며시 전단지를 놓고 오곤 했습니다. 아무도 마주치고 싶지 않아서였습니다.

어느 날 공중전화 박스에 전단지를 놓아둔 후 실제로 그것을 보는 사람이 있는지, 길 건너편에서 지켜보기로 했습니다. 얼마 후 한 남자가 전화를 걸기 위해서 들어가는 모습이 보였습니다. 그는 전단지를 집어서 보더니 주머니에 넣고 사라졌습니다. 그것은 차마 말로 표현할 수 없을 만큼 경이로운 경험이었습니다. 내가 타인에게 예수님을 알릴 수 있다는 사실을 처음 알게 된 것입니다.

고등학교 때는 기술 직업반에 들어갔습니다. 내 영웅이었던 데이비드 아저씨처럼 자동차 수리공이 되고 싶어서였습니다. 나는 아르바이트로 낡은 자동차를 수리하는 일을 했고, 졸업 후에는 포드 자동차 대리점에 취직했습니다. 그리고 시간이 날 때마다 자동차를 몰기 시작했습니다.

내가 처음 다니기 시작한 교회에 새롭게 리피 목사님이 오셨습니다. 리피 목사님 부부는 나 자신보다도 더 나를 믿어 주었습니다.

어느 날 리피 목사님이 말했습니다.

"빌, 우리는 네가 큰일을 할 수 있을 거라고 생각해. 최대한 너를 도와주고 싶다."

내가 기억하는 한 리피 목사님은 내게 처음으로 새 신발을 사준 분이었습니다. 그때 나는 열일곱 살이었습니다. 리피 목사님 부부는 내가 계속 교회에서 살 수 있도록 해 주었고, 언제나 나를 격려해 주었습니다.

어느 날 목사님 부부가 말했습니다.

"빌, 우리는 네가 레이크랜드에 있는 신학교에 갔으면 좋겠구나."

제일교회에서 목사와 사역자들을 양성하기 위해 운영하는 사우스이스턴 신학교Southeastern Bible College를 말하는 것이었습니다.

"전 목사가 될 생각이 없는데요. 지금 자동차 수리 일도 하고 있고요."

하지만 속으로는 이렇게 생각했습니다.

'까짓것 어때? 손해볼 건 없잖아?'

울타리에서의 신앙 고백

아무리 좋게 말하더라도 신학대학 1학년 때는 너무나 힘들었습니다. 생활비가 턱없이 부족하기도 했지만 뚜렷한 목적 없이 그 자리에 있다는 사실이 나를 더 힘들게 했습니다.

재학생 몇 명은 주일 오후마다 재소자들과 예배를 보기 위해서 근처 교도소로 갔습니다. 그들은 그 교도소를 울타리라고 불렀습니다. 그들이 같이 가자고 할 때마다 나는 온갖 어설픈 이유를 대며 거절했습니다. 그러나 진짜 이유는 한 번도 많은 사람들 앞에서 말해 본 적이 없다는 것이었습니다. 치아 구조 때문에 발음이 정확하지 않았던 나는 남들 앞에서 웃음거리가 될까 늘 두려웠습니다.

하지만 2학기 때는 마음이 어느 정도 누그러져서 그 모임에 참가하게 되었습니다. 어느 날, 예배를 이끌던 학생이 재소자들에게 말했습니다.

"여러분, 세인트 피터스버그에서 온 빌 윌슨을 소개합니다. 빌, 올라와서 한말씀 해 주세요."

하지만 나는 별로 할 말이 없었습니다. 비록 45초 간의 짧은 신앙고백이었지만, 그날 밤 잠자리에 누웠을 때 그 일로 인해서 내 얼굴에는 저절로 미소가 번졌습니다. 그것은 앞으로 몇 번이고 계속하고 싶은 일이었습니다.

신학대학 2학년 때 객원 강사로 오신 한 목사님이 이렇게 말했습니다.

"하나님은 능력이 아니라 가능성이 있는 사람을 찾고 계십니다. 그 외에는 아무것도 필요 없어요."

나는 그것이 나를 두고 하는 말씀이라고 생각했습니다.

기독교인으로 봉사하는 데 평생을 바쳐야겠다는 생각이 들자, 나는 청소년 캠프 후 처음으로 강당 앞으로 걸어갔습니다. 그리고 그때처럼 제단 왼쪽에 무릎을 꿇고 말했습니다.

"주여, 저 같은 사람도 쓸 데가 있다면 부디 써 주세요. 최선을 다하겠습니다."

누가 내 손을 잡아 끈 것도 아니고 그렇게 하라는 예언도 없었습니다. 오직 주어진 의무를 다해야겠다는 생각에서 우러나온 행동이었습니다.

교회로 돌아가자 리피 목사님이 물었습니다.

"빌, 이번 여름 성경학교 일을 좀 도와줄래?"

"좋아요. 뭘 해야 되는지 말씀만 하세요."

우리는 동네 사람들에게 여름 성경학교의 시작을 알리기 위해서 교회 앞에 커다란 천막을 쳤습니다. 대그니 존슨이라는 여성 신자가 기증한 폭스바겐 밴으로 아이들을 실어 나를 수 있었습니다. 그 차를 운전하는 것이 내가 할 일이었습니다. 여름성경학교가 열린 일주일 동안 나는 아이들과 즐거운 시간을 보냈습니다.

그런데 여름성경학교가 끝나자 밴을 달리 사용할 데가 없었습니다. 리피 목사님이 말했습니다.

"네가 한번 아이디어를 내 봐. 뾰족한 수가 없으면 팔자꾸나."

순간, 수백 명의 아이들이 여름성경학교에 온 데 비해 주일날 교회에 오는 아이들은 몇 명 되지 않는다는 사실이 떠올랐습니다. 나는 주일학교와 여름성경학교 수업의 차이점이 무엇인지 관찰하기 시작했습니다. 주일학교 수업을 들어 보니 지루하기 짝이 없었습니다. 나라도 한 시간 동안 앉아서 듣고 싶지 않을 정도였습니다.

나는 만약 주일학교가 천막 안에서 진행되었던 여름성경학교 수업과 비슷하다면 과연 얼마나 많은 아이들이 참석할지 궁금했습니다. 그리고 얼마 안 가 그 해답을 찾게 되었습니다.

"목사님, 아이들을 가르치는 방식을 좀 바꿔 보면 어떨까요?"

"네가 하고 싶은 대로 하렴."

리피 목사님은 여전히 나를 깊이 신뢰해 주었습니다.

광대와 냉장고 상자

우리는 고민 끝에 '지역성경모임'이라는 조직을 만들기로 했습니다. 나는 10대 아이들 몇 명의 도움을 받아 공터에 형형색색의 무대를 설치했습니다. 야외 무대장치로 아이들을 끌어모으기 위해서였습니다. 성경 말씀을 가르치는 것 외에 어떻게든 아이들을 주일학교에 참석하게 만들기 위해 최선을 다할 생각이었습니다.

여성 신자들이 재봉틀로 광대 옷을 만들어 주었습니다. 우리는 커다란 냉장고 상자를 구해 거기에 구멍을 뚫고 화려한 색으로 칠했습니다. 구멍에는 조그만 커튼을 달았습니다. 그리고 나는 시드와 마티 크로프트Syd and Marty Kroft를 흉내낸 인형극을 연습했습니다.

아이들에게 인형극을 처음 선보이던 날이 생각납니다. 우리는 아이들이 아래에서 올려다볼 수 있도록 조금 비탈진 곳에다 냉장고 상자를 설치했습니다. 나는 인형극을 하려고 냉장고 상자 안에 들어가 있었습니다. 그런데 갑자기 심한 바람이 불어 상자가 쓰러지고 말았습니다. 물론, 그 안에 있던 나도 함께 말입니다. 나는 아이들의 즐거운 비명을 들으면서 길 아래로 굴렀습니다. 무척 당황스러웠지만, 아이들은 저마다 박수를 치며 재미있어 했습니다. 그것이 사고가 아니라 미리 준비한 일인 줄 알았던 것입니다. 그때까지만 해도 우리 팀원 대부분은 이렇게 말했습니다.

"아무 효과도 없을 거야. 더 이상 하나님의 뜻에 간섭하면 안 될 것 같아."

다음 날에는 돌로 냉장고 상자를 고정시켰습니다. 첫날보다 많은 아이들이 모였습니다. 셋째 날인 금요일에는 백 명이 넘는 아이들이 모였습니다. 아이들은 찬송가를 부르고 인형극도 구경했으며 성경 퀴즈놀이도 하고 성경 말씀도 들었습니다.

그날 나는 예전의 나라면 결코 하지 못했을 일을 했습니다. 아이들에게 예수님을 받아들이겠냐고 물은 것입니다. 놀랍게도 절반가량이 손을 들었습니다. 나는 다음에는 어떻게 해야 할지 몰라서 리피 목사님이 하시는 대로 아이들에게 고개를 숙이라고 한 후 죄인의 기도를 하게 했습니다.

그리고 물었습니다.

"이번 주 성경 모임이 재미있었던 사람?"

아이들 전부가 손을 들었습니다.

"오늘 한 것처럼 똑같이 한다면 주일학교에 참석할 사람?"

또다시 아이들 전부가 번쩍 손을 들었습니다.

"이번 주에 나랑 폭스바겐 밴 타고 주일학교에 갈 사람?"

이번에도 마찬가지였습니다.

나는 아이들이 마음을 바꾸기 전에 서둘러 말했습니다.

"정말이지? 좋아. 그럼 주소랑 이름을 적어야 하니까 한 줄로 서 보자."

다음 날이 토요일이었으므로 나는 이렇게 덧붙였습니다.

"내일 엄마 아빠를 만나 주일학교에 가도 좋은지 여쭤보겠다고 전해 줘."

우리 자원봉사자들은 몇 명씩 맡아 모든 아이들의 집을 방문했습니다. 아이들은 대부분 교회에 다니지 않는 가정의 자녀들이었습니다.

첫 일요일, 우리는 36명의 아이들을 주일학교로 데려다 주었습니다. 교회에 도착했을 때는 자동차 바퀴 두 개가 바람이 빠진 상태였습니다. 차 안은 콩나물 시루처럼 초만원이었지만, 우리는 더 많은 아이들을 모으기 위해서 열심을 냈습니다.

나는 처음 주일학교로 아이들을 실어 나른 그날을 영원히 잊지 못할 것입니다. 그 일요일은 나와 전세계 수천만 아이들의 인생을 바꿔 놓은 주일학교 사역이 탄생한 날이었습니다.

실천이 있는 곳

우리는 여름 내내 지역성경모임과 토요일 가정 방문, 일요일 버스 운행을 계속했습니다. 9월이 되자 버스 몇 대가 더 생겨 백 명 가까이 되는 아이들을 실어 나를 수 있었습니다.

어느 날 리피 목사님이 물었습니다.

"빌, 방학이 끝나도 주말마다 와서 버스 사역을 계속할 수 있겠니?"

생각해 볼 필요도 없이 나는 큰 소리로 좋다고 대답했습니다. 주일학교 사역을 계속한다는 기쁨도 컸지만, 생각지도 않게 교회에서 내 교통비를 지원해 주고 식사까지 제공해 주었기 때문에 더욱 기뻤습니다.

제일교회는 후에 아이들을 위한 건물을 따로 만들었습니다. 1969년 부활절, 버스에 탄 아이들은 모두 102명이나 되었습니다.

우리는 10대 후반 아이들을 모아 주일학교 사역부를 만들었습니다. 인형극을 만들고 아이들과 함께 노래도 하고 성경 말씀도 전하기 위해서였습니다. 부원들은 아이들을 지도하는 일도 도와주었습니다. 우리는 새 건물에 '실천이 있는 곳'이라고 쓴 커다란 현수막을 걸었습니다.

사역부의 규모는 점점 커졌습니다. 매주 버스 12대로 600명의 아이들을 주일학교로 실어 나르기까지는 그리 긴 시간이 걸리지 않았습니다.

내가 사우스이스턴 신학대학교를 졸업한 1971년, 리피 목사님은 나에게 정규 사역자로 일해 달라고 부탁했습니다.

비록 그것이 내 꿈은 아니었지만, 나는 무슨 일이든지 할 준비가 되어 있었습니다. 내 인생이 더 이상 내 것이 아니라는 사실을 잘 알고 있었기 때문입니다.

나는 마치 내일이 존재하지 않는 것처럼 미친 듯이 일했습니다. 일주일 내내 새벽부터 밤까지 복음 전파라는 단 한 가지 목표를 위해 동분서주했습니다.

그러던 어느 날 오후, 나는 사무실에서 쓰러져 응급실로 실려갔습니다. 의사는 내게 심장병이 있다고 했습니다. 평생 안고 살아야 할 유전병이었습니다. 또 몇 년 동안 성대를 혹사시킨 탓에 내 목소리는 지금까지도 무언가에 긁히는 듯한 쇳소리를 냅니다. 그럼에도 나는 더 많은 아이들에게 복음을 전하고자 쉼없이 뛰어다녔습니다.

한 번은 토미 바넷이라는 젊은 전도사가 신앙 부흥회를 위해 우리 교회에 온 적이 있습니다. 그는 그림을 이용해 설교를 하기로 유명했습니다. 어느 날 그는 나더러 설교에 필요한 받침대를 만들 재료를 사러 제재소에 가자고 했습니다.

"도움이 된다면 기쁘죠."

나는 흔쾌히 그를 따라나섰습니다. 제재소에 다녀와서 우리는 커다란 나무 십자가를 만들었습니다. 그것은 그가 '채찍, 망치 그리고 십자가'라는 제목의 설교에 사용할 도구였습니다.

나는 그가 전도 사역에 쏟는 열정과 창조성을 깊이 존경하게 되었습니다. 우리는 전도에 대해서 통하는 점이 무척 많았습니다. 그가 머무른 일주일 동안 우리는 아주 가까운 사이가 되었습니다.

몇 년 후 그와 전화 통화를 했을 때 일입니다. 당시 그는 아이오와 주 데번포트에 있는 교회에서 처음 목사직을 맡고 있었습니다.

"우리 교회 버스 사역을 도와줄 사람이 필요하네. 자네가 적임자라고 생각해."

나는 가겠다고 대답했습니다.

우리를 도와주겠습니까?

바넷 목사는 이미 미국 전역을 통틀어서 가장 빠른 속도로 주일학교를 활성화시켜 놓고 있었습니다. 나는 아이오와 주 옥수수밭 가장자리에 위치한 교회에서 5년 동안 열심히 일했습니다. 그곳 자원봉사자들은 내가 함께 일해 본 사람들 중 단연 최고였습니다. 당시 나와 함께한 이들 중 많은 사람들이 현재 정규 사역자로 일하고 있으며, 버스 사역부는 450개에서 2천 개로 늘어났습니다.

당시 나는 미국 전역에서 걸려오는 전화를 받았습니다.

"우리 교회로 와서 어린이들을 위한 프로그램을 늘려 줄 수 있겠습니까?"

한 목사님이 포틀랜드에서 전화를 걸어 말합니다.

"혹시 버스 사역을 시작하는 데 참고할 수 있는 안내서를 갖고 계시나요?"

랜싱에서 어느 평범한 신자가 보내온 편지입니다.

나는 주말마다 비행기로 날아가 버스 사역에 관한 강의를 해야 할 판이었습니다. 내가 공동 소유주를 맡았던 플로리다 주 탬파의 트레인 디팟이라는 회사의 부탁으로 교회 어린이 지도를 위한 교과 과정을 쓰기도 했습니다. 트레인 디팟은 미국에서 가장 혁신적으로 주일학교 프로그램과 청소년 교육 교재를 만드는 기관으로 자리잡았습니다.

데번포트 교회에서의 사역은 대성공을 거두었지만 내 영혼은 안정을 찾지 못했습니다. 나는 하나님이 나에게 달리 시키실 일이 있음을 알고 있었습니다. 어디서 무슨 일을 하게 될지는 몰랐지만, 내 마음은 언제나 열려 있었습니다. 나는 언제나 더 많은 일을 하고 싶었고, 또 그렇게 할 수 있다고 믿었습니다.

오랜 경험을 통해 나는 하나님이 네 가지 방법으로 뜻을 전하신다는 사실을 깨달았습니다. 그것은 바로 필요와 결과, 관계, 그리고 열린 문이었습니다. 나는 천사의 방문을 받아 본 적도, "빌, 나는 네가 이 일을 했으면 한다"라고 말씀하시는 하나님의 음성을 들어 본 적도 없습니다. 그러나 하나님은 언제나 당신이 적당하다고 생각하시는 시기에 뜻을 분명히 나타내 주셨습니다.

자석 같은 이끌림

나는 더 많은 곳에서 아이들을 위한 사역을 꽃피우고 싶은 마음이 간절해졌습니다. 여러 빈민 지역을 방문해 보니 그곳 아이들은 하나님을 전혀 모르고 있었습니다.

데번포트 교회의 바넷 목사는 전국 각지에서 청소년들을 모아 구원을 위한 주일학교를 만드는 데 필요한 실제 훈련을 시키는 프로그램을 만들었습니다. 브루클린에서 온 한 학생은 그곳의 현실은 아주 심각하며, 사람들의 삶이 바뀌어야만 한다고 내게 거듭 말했습니다.

1970년대 후반이던 당시, 전국의 젊은 사역자들과 기독교 지도자들을 가르치느라 나의 생활은 점점 더 바빠지고 있었습니다.

나는 기회가 될 때마다 뉴욕 시 근처로 일정을 잡으려고 애썼습니다. 마치 자석에 이끌리듯 뉴욕에 이끌렸습니다. 그래서 최소한 한 달에 한 번은 뉴욕에 가게 되었습니다. 브루클린에 사는 친구는 내가 그곳 사람들의 특징을 파악할 수 있도록 도와주었습니다. 나는 지하철을 타고 범죄율이 높은 동네를 돌아다녔습니다. 그리고 너무도 많은 청소년들이 교회와 정부의 무관심 속에서 큰 곤경에 처해 있다는 사실을 두 눈으로 확인했습니다.

한번은 동네 사람들에게 이렇게 물어 보았습니다.

"뉴욕에서 가장 심각한 지역은 어디죠?"

그들은 웃으면서 이렇게 대답하더군요.

"하나같이 다 심각하죠."

그러면서도 약속이라도 한 듯 할렘Harlem과 사우스 브롱스South

Bronx, 부시윅Bushwick, 베드포드 스튜이베상Bedford Stuyvesant, 그리고 로워 이스트 사이드Lower East Side 지역을 꼽았습니다.

한 번은 아는 사람이 있는 브루클린의 부시윅 - 뉴욕에서 약 2제곱 마일 떨어진 곳 - 을 방문했는데, 그곳은 지금까지 내가 본 어느 지역보다 문제가 심각했습니다.

나는 좀처럼 이해가 되지 않았습니다.

'왜 여기에서는 아무도 데번포트에서처럼 사역을 하지 않는 거지?'

아무리 생각해도 알 수 없었습니다.

"여기서는 안 통할 겁니다."

만나는 사람마다 이렇게 말했지만, 나는 그 말을 도저히 받아들일 수 없었습니다.

그후 몇 달 동안 나는 어디에서 무엇을 하든 뉴욕에 대한 생각을 떨쳐 버릴 수 없었습니다. 하나님께서 '필요'에 의해 당신의 뜻을 알리신다는 사실이 분명해 보였습니다.

1980년 나는 데번포트를 떠나 뉴욕으로 가기로 결정했습니다. 통계적으로 미국에서 가장 불안한 지역이기 때문에 그곳을 선택했습니다. 그런 나를 격려해 주는 사람도 별로 없었고 재정적인 지원도 받지 못하는 상태였지만, 그런 것은 크게 상관없었습니다. 나는 꼭 뉴욕으로 가야만 했으니까요.

나는 조그만 트레일러를 빌려서 내가 가진 짐을 전부 실었습니다. 그리고 동쪽으로 달린 끝에 베라자노 다리를 지나 마침내 브루클린에 도착했습니다.

그곳의 풍경은 실로 끔찍했습니다. 나는 가난과 적의, 고통과 굶주림에 찌든 새 보금자리를 바라보았습니다.

나는 기도했습니다.

"주여, 당신의 도움이 절실히 필요할 것 같습니다."

주머니에는 뉴욕의 한 목사님이 건넨 쪽지가 들어 있었습니다.

거기에는 이렇게 쓰여 있었습니다.

"자네가 남들처럼 포기하고 떠난다는 데 6개월 걸겠네."

그럼 토요일은 어때요?

나는 맨해튼 가 부시윅에 있는 스페인 오순절교회의 목사님을 소개받았습니다.

목사님께 물었습니다.

"이 건물을 빌릴 수 있을까요?"

"일요일에는 안 돼요. 그날은 신자 11명이 예배를 보러 오거든요."

"그렇군요. 그럼 토요일은 어때요?"

나는 아이오와에 있을 때부터 토요일에 주일학교를 열 생각을 하고 있었으므로 이것은 지언스리운 질문이었습니다. 일요일에는 헌금을 모금하러 외부로 설교를 다녀야 한다는 걸 알았기 때문입니다.

나는 작은 트럭과 주일학교의 상징이 될 요기베어(만화 캐릭터) 의상을 빌렸습니다. 그리고 한 마약 중독자를 하루에 10달러를 주며 고용했는데, 그의 일은 트럭 뒤에서 곰 의상을 입고 전단지를 나눠주는 것이었습니다. 항상 경찰을 경계해야 했던 마약상에게는 하루에 20달러를 주며 방과 후 트럭 운전을 맡겼습니다. 나는 트럭 옆에서 확성기를 입에 대고 방과 후 학교를 나오는 아이들에게 외쳤습니다.

"토요일 아침 집에만 있지 말고 나와서 크고 노란 버스를 찾아봐! 그럼 우리가 너희를 주일학교에 데려가 줄게!"

1980년 6월, 주일학교가 열린 첫날에 1,010명의 아이들이 왔습니다!

얼마 안 있어 소식을 들은 몇몇 청소년들이 모임에 합류했습니다. 우리는 소수의 인원을 중심으로 청소년 모임을 갖고 주일학교 사역을 준비하기 시작했습니다.

아이들은 대부분 주일학교가 무엇인지도 모르고 있었습니다. 난생처음 들어 보는 생소한 말이었습니다.

그것은 동네 사람들에게도 아주 요상한 광경이었을 것입니다. 청바지와 티셔츠를 입은 장발의 전도사가 대체 무슨 꿍꿍이를 벌이는지 의아했겠지요. 게다가 나는 백인이었으니 말입니다.

주일학교의 처음 20분은 아주 순조롭게 진행되었습니다. 우리는 아이들을 네 팀으로 나누어 파이먹기 대회와 물풍선 터뜨리기 대회, 바나나먹기 대회 등 다양한 행사를 진행했습니다. 그러고 나서 다시 20분 동안 힘차게 찬송가를 불렀습니다. 나는 아이들이 주님을 받아들일 수 있도록 열띤 메시지를 전하며 주일학교의 끝을 장식했습니다.

의외로 많은 아이들이 반응을 보여, 다음 주에는 더 많은 인원이 주일학교에 참석했습니다.

나는 버스 사역자들을 위한 훈련을 실시한다는 소식을 알렸습니다. 버스도 한 대 없는 상황에서 말입니다.

하지만 내가 뉴욕에서 사역을 시작했다는 소식을 듣고 목사님 몇 분이 고물 버스를 몇 대 주겠다고 했습니다. 고물 버스라고 해도 페인트칠만 하면 괜찮을 줄 알았습니다. 하지만 몇 번이고 크랭크를 돌려야 겨우 시동이 걸리고, 한번 시동이 걸리면 제대로 멈추지 않는 '진짜' 고물 버스였습니다.

한 블록씩

우리는 버스 노선을 정하기 위해 한 블록마다 자세하게 지도를 그렸습니다. 그리고 주일학교에 아이들을 데려올 시간표를 짰습니다.

버스 사역자들을 훈련시키면서 각 노선마다 책임자와 보조 선생님을 배치했습니다. 주일학교 버스 운행을 알리는 전단지도 만들어 배포했고, 10대 자원봉사자들에게 아이들의 부모를 만나 동의서를 받아오게 했습니다. 고물 버스로는 사역을 감당하기 힘들어 돈을 모아서 버스 – 운전기사도 함께 – 를 빌려야만 했습니다.

그런데 우리는 또 다른 문제에 직면하게 되었습니다. 교회 예배당의 정원이 300명밖에 되지 않았던 것입니다. 결국 나머지 인원을 밖에 세워 두고 300명씩 돌아가며 예배를 드려야 했습니다. 비록 불편했지만, 그것은 내 생애 최고의 순간 중 하나였습니다.

주일학교를 시작하고 몇 주일 후 오순절 교회 목사님이 나를 사무실로 불렀습니다.

"교회 카펫이 더러워졌더군요."

나는 속으로 생각했습니다.

'말도 안 되는 소리. 그 카펫은 더 이상 더러워질 것도 없잖아.'

그래도 그는 건물을 계속 쓸 수 있도록 해 주었습니다. 몇 주 후, 예배 참석자 수가 1,300명이 넘자 그가 다시 말했습니다.

"큰 문제가 생겼습니다. 아이들이 화장실을 아주 못 쓰게 만들어 놨더군요."

처음 건물을 빌릴 때부터 수도 시설이 고장나 있었던 터라 처음에는 그게 무슨 말인지 이해되지 않았습니다. 하지만 나는 이내 그가 정말로 하고 싶은 말이 무엇인지 알아차렸습니다. 그는 최대한 예의를 갖추어 '나가 달라고' 요구하고 있었던 것입니다.

도저히 받아들여지지가 않았습니다. 어이가 없었습니다.

'어떻게 빈민가에서 쫓겨날 수 있는 거지? 여기서 더 이상 갈 데가 어디 있다고?'

우리는 어느 새 낭떠러지 위에 다다라 있었습니다.

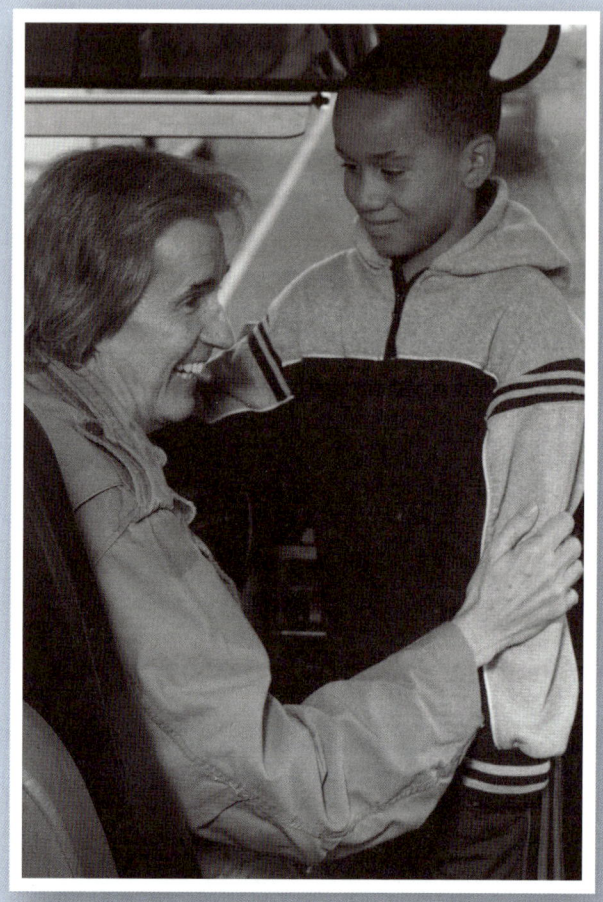

빌 윌슨 목사는 아이들이 버스에 올라탈 때면
다정한 미소로 인사하며 꼭 안아 준다.

애들아 미안하다…
이게 마지막이야

인생의 가능성은 근면함에 달려 있다.
일을 끝내려는 수리공은 우선 연장을 갈아야 한다.
공자 (BC 551~479, 중국의 사상가)

메트로 주일학교 사역은 서서히 진전되고 있었지만 어려움은 계속해서 몰려왔습니다. 그래도 내가 버스 안에서 "얘들아, 미안하다…. 이번 주가 마지막이 될 것 같아."라는 말을 아이들에게 하게 될 줄은 상상도 못했었습니다.

스페인 교회를 떠나기로 마음을 정한 후 나는 새로운 보금자리를 찾기 위해 분주히 돌아다녔습니다. 그러던 중 우리 교회에서 조금 떨어져 있는 곳의 침례교 목사님을 찾아갔습니다.

"우리가 사역하던 교회에서 쫓겨나게 되어서 그러는데요, 토요일마다 이 건물을 빌릴 수 있을까요?"

목사님은 "아, 주일학교 버스들이 지나다니는 것을 봤어요. 네. 그렇게 하도록 하죠. 쓰셔도 됩니다."라며 흔쾌히 승낙했습니다.

출석률은 계속 상승세를 타서, 그 수가 몇 달이 안 되어 2천 명이 되었습니다. 어느 날 그 침례교 목사님이 저에게 말씀하셨습니다.

"우리 교인들이 목사님을 매우 좋아하십니다. 다음 주에 부흥회가 있는데 첫 예배 때 설교를 해 주셨으면 좋겠습니다."

나는 영광이라며 흔쾌히 승낙했습니다.

하지만 나는 우리 교회 어린이들이 의자 다리 하나를 부숴뜨렸다는 사실을 그 상황에서 얘기하지 않았습니다. 아마도 지난 주 토요일 예배 때 아이들이 너무 열광하다 그렇게 된 것 같았습니다. 맨 앞줄 왼쪽에 있던 그 의자의 다리는 완전히 갈라져 있었습니다. 목사님께 말씀드려야겠다고 생각했지만, 이전 스페인 교회 목사님의 화난 얼굴이 자꾸 떠올라 차마 입을 열 수가 없었습니다. 못을 박고, 망치로 때리고, 의자 위에 손을 얹어 기도했지만 그 의자는 이미 수리 불가능의 상태가 되어 있었습니다.

얼어 버리다

주일 아침, 강단에서 내 이름이 소개되는 순간에도 나는 그 불안정하게 버티고 있는 의자만 힐끔힐끔 쳐다보았습니다. 우리 사역이 소개되는 자랑스러운 자리임에도 불구하고 내 생각은 온통 그 의자에 가 있었습니다. 조바심이 났지만, 몇 명의 부인들이 다소곳이 앉아 있었기에 잘 버텨내리라 믿었습니다. 그런데 말씀 봉독 도중 뒷문을 통해 제

법 몸무게가 나가 보이는 아주머니 한 분이 중앙 통로로 힘차게 걸어 들어오는 것이 보였습니다. 나는 그만 그 자리에서 얼어 버리고 말았습니다.

'하나님, 제발 저 아주머니가 망가진 의자에 앉지 않게 해 주세요.'라고 간절히 바라며 말씀 봉독을 잠시 멈췄습니다.

내 이상한 행동을 눈치챘는지, 온 회중이 일제히 머리를 돌려 그 아주머니를 바라보았습니다. 마치 슬로 모션으로 자동차 사고를 목격하는 듯한 상황이었습니다. 아주머니는 하필이면 문제의 그 의자에 털썩 앉고 말았습니다. 결국 우려했던 대로, 참으로 볼 만한 광경이 일어나 버렸습니다! 간신히 버텨 오던 그 의자는 무너져내렸고, 다른 쪽 다리 하나만이 남았습니다. 그 줄에 앉아 있던 성도들은 모두 한쪽으로 쏠려 중앙 통로에 무더기처럼 쌓였고, 비명소리와 아우성에 예배는 엉망이 되어 버렸습니다.

나는 예언의 은사가 없지만 우리가 다른 보금자리를 찾아봐야 하리란 것은 쉬이 짐작이 되었습니다. 그래도 한 달쯤은 어떻게 버틸 수 있겠지 생각했는데 그 기대는 완전히 빗나갔습니다. 바로 그 다음 주에 우리는 다시 길거리에 나앉는 신세가 되었습니다.

성탄 주일 2주 전, 니는 브루클린의 부동산들을 찾아다니기도 했습니다. 우리는 넓은 장소가 필요했는데 근처에 있는 창고들은 모두 불에 타 버렸거나 훼손된 상태였기 때문에 문제가 심각했습니다. 그렇다고 창고들을 수리할 재정이 있는 것도 아니었습니다. 많은 건물들은 뉴욕에서 흔히 '집주인의 번개' – 집주인이 보험금을 노리고 고의로 건물을 태우는 일 – 라 불리는 행위의 희생물이 되었습니다. 나는 중

개인에게 난방도 되는 곳이 필요하다고 말했습니다. 그러자 중개인이 흔쾌히 대답했습니다.

"아, 문제없습니다. 제가 딱 알맞은 곳을 소개해 드리지요."

잠시 후 우리는 기찻길 옆에 있는, 브로드웨이와 그로브 가의 모퉁이에 위치한 창고를 계약했습니다. 불행히도 내가 알지 못한 사실 한 가지가 있었는데, 그 건물은 보일러가 모두 터져 난방이 전혀 되지 않는다는 것이었습니다. 그곳에서의 첫 번째 주일학교는 이렇게, 건물 안팎의 기온이 같은 상황에서 진행되었습니다. 그날 기온은 영하 8.3도였습니다.

매우 추웠던 그 토요일

상황은 상상 이상이었습니다. 한 마디로 최악이었습니다. 부원들이 열심히 준비한 프로그램은 추위로 인해 단축되었습니다. 많은 아이들이 겉옷이 없어 반팔 티셔츠 차림으로 왔기 때문에 빨리 집에 돌려보내지 않으면 모두 폐렴으로 눕게 될 상황이었습니다.

계속 진행한다는 것은 불가능한 일이었습니다. 1월의 그 추운 토요일, 나는 아직도 내가 했던 말을 똑똑히 기억하고 있습니다. 주일학교 버스의 뒤칸에 올라가 확성기를 들고 기대에 부푼 아이들을 향해 말해야만 했습니다.

"더 이상 주일학교를 할 수가 없단다."

목이 메어 더 이상 아무 말도 할 수가 없었습니다.

"미안하다, 얘들아…. 이게 마지막이야."

아이들에게 말하기 전 부원들에게 먼저 이 소식을 알리면서 함께 울었습니다. 부원들은 우리의 노력이 이렇게 끝난다는 데에 대한 허탈함을 숨기지 못한 채 어떻게 방법이 없겠느냐며 슬퍼했습니다.

할 수 있는 방법은 다 생각해 내려 노력했지만 결과는 아무것도 없었습니다. 우리의 사역이 너무 크게 성장했기 때문에 다시 작은 교회로 장소를 옮길 수도 없었습니다. 또 설사 그렇게 한다 하더라도 우리를 받아 줄 교회가 없었습니다.

이 말을 마치고 버스에서 내려오면서, 나는 아이들을 볼 수가 없었습니다. 말똥말똥한 눈으로 나만 바라보고 있는 그 아이들을 차마 볼 수가 없었습니다. '나는 실패자'라는 생각이 머릿속을 가득 메웠습니다. 그저 가능한 한 빨리 그 자리를 빠져나가고 싶은 마음뿐이었습니다. 나는 고백했습니다.

"하나님, 저는 아이들과 사역자들, 그리고 하나님을 실망시켰습니다. 죄송합니다."

이 일의 결과가 얼마나 엄청난 것인지 많은 사람들이 이해할 수 없겠지만, 그 아이들에게 이 말은 그야말로 하늘이 무너지는 소리였습니다. 많은 아이들에게 주일학교는 그들이 가질 수 있는 선부였습니다. 일주일 동안 단 한번 찾아오는 희망의 빛줄기였고, 참혹한 환경 가운데서 만날 수 있는 유일한 피난처였습니다. 우리가 대단한 사람들은 아니었지만 그들에겐 희망이었습니다. 꿈이 막 자라나 이루어지려는 순간, 그 꿈이 짓밟히고 만 것입니다.

난 이제 어디로 갈 것인가?

'이제 무엇을 해야 하지?'

난 고민하기 시작했습니다.

'우리는 건물도 없고, 후원자도 몇 안 되는데…. 다시 트럭을 빌려서 처음 시작했던 것처럼 해야 하나….'

어린이 사역자를 필요로 하는 교회로 들어가는 것도 고려해 봤지만, 어느 교회에서 실패한 사역자를 반길까 생각하니 그것도 자신이 없었습니다. 무엇을 해야 할지, 어디로 가야 할지 막막하기만 했습니다. 주변에서 "거봐, 내가 뭐랬어! 이렇게 될 줄 알았다니까!"라고 비난하는 것은 상상도 하기 싫었습니다.

그렇게 몇 달이 흘렀지만 여전히 나는 특별한 비전 없이 계속 돌아다니고 있었습니다. 매일같이 사역을 떠나고 싶은 생각이 들었지만 그럴 수는 없었습니다. 이 힘든 기간 동안 나는 가장 중요한 것 중 하나를 배웠습니다. 약속은 감정보다 강해야 한다는 것이었습니다.

이번 주 가야 할 곳은 텍사스 주에 위치한 러박이라는 도시였습니다. 그곳의 레베랜드라는 작은 마을에서 주일 아침 설교를 하기로 되어 있었습니다. 그곳의 목사님이 우리 사역을 살릴 수 있도록 나를 초청해 준 것입니다.

당시의 솔직한 내 생각은 이랬습니다.

'살리다니, 이 사역은 이미 죽었어! 끝났다고! 내가 그 실망한 아이들에게 이 사역이 끝났다고 하지 않았는가!'

교인들에게 무슨 얘기를 해야 할지 감이 잡히질 않았습니다. 어쩌면 그 목사님께 전화를 걸어, "이건 시간 낭비인 것 같습니다. 목사님 시간이나 제 시간이나 허비할 필요가 없을 것 같습니다. 항공편을 취소하겠습니다. 모든 게 부질없는 짓입니다. 브루클린에서의 사역은 이미 문을 닫았습니다."라고 말씀드리는 게 나을 것도 같았습니다.

그러나 내 마음 속 작은 무언가가 나를 그렇게 하도록 내버려 두지 않았습니다. 그 목사님이 특별히 선처하는 것임을 알았기에 실망시킬 수 없었습니다. 나는 라 가르디아 공항으로 가서 텍사스행 비행기에 올랐습니다.

레베랜드에서의 주일날 아침, 모텔의 텔레비전에서 자신만만하고 호의적인 태도의 로버트 슐러 목사를 보았습니다. 나는 텔레비전에 대고 말했습니다.

"당신은 그렇게 말하는 게 쉽겠죠! 당신은 남가주에 크리스털로 지어진 거대한 교회를 가지고 있으니까. 나와 2천 명의 아이들이 빈민가 창고 안에서 추위에 떨고 있을 때 당신이 함께 있어 봤어야 했어요!"

혼자 그렇게 중얼거리고는 침대 끝에 걸터앉아 텔레비전을 보았습니다. 슐러 목사님은 하나님의 뜻과 고난을 참고 이겨내는 것의 중요성에 관하여 전하고 있었습니다. 그는 낙담에 대해 말하면서 예수님이 어부 베드로를 제자로 삼으셨던 일을 이야기했습니다.

"때로는 차라리 낚시나 하러 가는 게 더 쉽지요."

그 말씀이 내 마음에 꽂혔습니다. 나는 무릎을 꿇고 기도하기 시작했습니다.

"주님, 한 번만 더 기회를 주세요. 저는 이 사역이 살아남으리라는 것을 믿습니다."

그날 오후, 나는 교회에서 성도들을 향해 외쳤습니다.

"성도 여러분! 때로는 상황이 황량하고 차갑지만, 우리 사역은 아직 시작도 하지 않았습니다! 내일 저는 브루클린으로 돌아가 다시 한 번 시도할 것입니다. 우리는 그 지역을 주님의 이름으로 정복하고, 어린 아이들을 지옥으로부터 구원할 것입니다!"

미안하게 됐네

내가 감동되어 있을 때에는 그렇게 말하는 것이 쉽습니다. 하지만 다시 뉴욕으로 돌아왔을 때 나를 기다리고 있는 건 녹록지 않은 현실이었습니다.

공항에서 택시 기사가 물었습니다.

"어디 가시나요?"

"브루클린이요."

"브루클린 어디요?" "부시윅이요."

"죄송합니다. 손님, 다른 택시를 이용하세요. 저는 그 근처는 가지 않습니다."

세 대의 택시를 보내고 나서야 가까스로 나를 태워다 주겠다는 기사를 만날 수 있었습니다.

찢어진 사역의 현장을 살펴보는 것은 감당할 수 있는 이상의 고통이었습니다. 텍사스에서 새로운 힘을 얻었지만, 그 열의와 의욕은 벌써 식어 가고 있었습니다. 하지만 며칠 몇 주가 지나도 길거리를 지날 때면 아이들이 달려와 말하곤 했습니다.

"언제 다시 주일학교 할 거예요? 너무 가고 싶어요!"

어머니들까지 나를 불러세워서는 이렇게 말했습니다.

"토요일 아침이 우리 아이들에게 얼마나 큰 의미였는지 모르실 거예요."

사역은 거의 1년 동안 멈춰진 상태였습니다. 매일 아침 아파트를 나설 때마다 브루클린을 떠나고 싶은 마음이 몰려왔습니다. 그때 "떠나지 말고 그 자리를 지켜라." 하는 하나님의 음성이 들려왔다고 말하면 참 은혜로운 간증이 될 텐데 솔직히 그런 일은 없었습니다. 내가 거기 왜 계속 머물렀는지 그 이유도 정확히 몰랐습니다. 후진하면 죽을 것 같으니까 전진하려 노력할 뿐이었습니다.

그러던 어느 날, 전에 주일학교에 참석했던 한 아이가 에버그린 가와 그로브 가 모퉁이에 있는 낡은 건물에 대해 말해 주었습니다. 1926년에 라인골드 양조장으로 처음 지어졌다가, 후에 훔쳐진 차들을 분해해 부품만 파는 데로 소문이 자자했던 건물이었다는 것을 알게 되었습니다. 근래에는 그저 창고로 쓰이고 있었는데 수리가 시급한 상태였습니다.

얼마면 되겠습니까?

그 창고의 주인을 찾아갔습니다.

"이 건물 임대하신다고 들었습니다."

"아뇨, 팔 겁니다."

"아, 그렇군요. 우리는 살 수 있는 형편은 되질 않고 임대할 돈밖에는 없습니다. 가난한 아이들을 위한 주일학교를 여는 데 쓰려고 그러는데요."

"매물이 아니면 안 됩니다."

그의 대답이었습니다.

"얼마에 파실 건가요?"

내가 물었습니다.

"15만 달러만 주슈."

너무나도 큰 액수였습니다. 순간, 예전 데번포트에서 토미 바넷이 가르쳐 준 흥정의 기술이 생각났습니다. 토미는 내게 이렇게 일러 주었습니다.

"빌, 모든 것은 흥정이 가능하다네. 물건이 얼마인지 물어 봤는데 너무 비싸면 '아, 얼마 안 하네요.'라고 말하고, 백 달러가 넘는 것이면 먼저 일부만 지불하겠다고 제시해."

나는 주인에게 말했습니다.

"15만 달러요? 흠, 얼마 안 하네요. 그런데 한 가지 물어 볼 게 있어요. 얼마 이하로는 안 파실 겁니까?"

"15만 달러요."

그는 눈 하나 깜빡이지 않고 말했습니다.

"계약금으로는 얼마를 드리면 될까요?"

"적어도 2만 5천 달러는 주셔야 되겠습니다."

"아, 얼마 안 되네요."

내가 다시 말했습니다.

"그런데 우리 같은 교회로서는 엄청난 액수라는 것을 이해해 주셨으면 합니다."

나는 고맙다는 인사를 한 후 길을 나섰습니다.

'2만 5천 달러라고?'

참으로 막막했습니다.

'차라리 백만 달러라고 그러지 왜!'

당시 메트로 사역의 재정은 통장 잔액인 98달러 16센트가 전부였습니다. 매수 자금도, 예금 증서도 없었고, 그것이 식비까지 포함한 전부였습니다.

그 다음 주일, 나는 텍사스에 있는 타일러라는 동네의 교회에서 말씀을 전하도록 일정이 잡혀 있었습니다.

계획이 바뀌다

"여보세요? 빌 윌슨 씨?"

맞은편 수화기에서 들려오는 소리였습니다.

"네. 전데요."

"제 이름은 넬 히바드입니다. 저는 달라스에 위치한 복음등대교회 목사예요."

그 다음에 들려오는 말이 나를 움직일 수 없게 만들었습니다.

"하나님께서 밤중에 저를 깨워서는 빌 윌슨이라는 사람이 이번 주일에 여기서 설교할 것이라고 말씀하셨어요. 저는 빌 윌슨이 누군지 몰랐지만 우리 사역자 중 한 분이 이름을 들어 본 적 있다고 해서 전화드렸어요. 우리가 아는 빌 윌슨은 당신뿐이니 주일날 여기서 설교를 해 주셔야겠어요."

"죄송하지만, 이번 주일은 타일러에서 설교하기로 되어 있는데요."

그러자 그는 "그렇지만 하나님께서 당신이 주일날 여기서 설교할 거라고 말씀하셨으니 주일날 뵙겠습니다."라고 말하고는 전화를 끊어 버렸습니다.

즉시 나는 타일러에 계신 목사님께 전화를 걸었습니다.

"목사님, 믿기 어려우시겠지만 방금 달라스에서 넬 히바드라는 분이 전화하셨는데 제가 이번 주일날 그 교회에서 말씀을 전해야 한다고 하십니다."

"어, 안 되는데. 저희 교회에 오기로 하셨잖아요."

목사님이 대답했습니다.

"예, 저도 아는데, 하나님께서 그분에게 그렇게 말씀하셨대요."

목사님이 물었습니다.

"하나님이 그렇게 말씀하셨다고 믿으세요?"

"전 한 번도 하나님의 음성을 들어 본 적이 없어서 잘 모르겠습니다."

"알겠습니다, 목사님. 그럼 시간 약속을 다시 하죠. 다음 주일에 저희 교회에 와 주세요."

나는 브루클린에서 하고 있는 사역에 대한 컬러 슬라이드 몇 개를 챙기고 짤막한 설교를 준비해 달라스행 비행기에 올랐습니다. 그곳에서 슬라이드를 보여 주고 우리의 비전에 대해서 나누자, 히바드 목사님이 말했습니다.

"저는 우리가 그 건물을 살 수 있도록 도와야 한다는 것을 확신합니다."

목사님이 건넨 헌금 봉투를 받았을 때 나는 눈을 의심하지 않을 수 없었습니다. 현금 1만 달러가 담긴 헌금 봉투가 내 손 위에 놓여 있었던 것입니다. 우리 사역 역사상 가장 큰 액수의 헌금이었습니다. 이제 우리에겐 1만 98.16달러가 있는 것이었습니다.

하나님께서 말씀하셨나요?

달라스에서 있었던 일에 대한 소문은 급속도로 퍼져나갔습니다. 뉴욕으로 돌아오고 난 그 주 수요일에는 텍사스 주 셔먼이라는 도시에 있는 기쁜소식교회의 클로드 케이시 목사님으로부터 전화를 받았습니다.

"복음등대교회에서 있었던 일에 대해서 들었어요. 돌아오는 주일날은 저희 교회에 와 주셨으면 해서 전화 드렸습니다."

"죄송합니다. 지난 주에 티일리에 계신 목사님과의 약속을 지키시 못해서 이번 주로 약속을 다시 잡았기 때문에 이번 주에는 꼭 텍사스로 가야 합니다."

나는 정중히 말씀드렸습니다.

"셔먼에 오시면 목사님 사역에 도움이 많이 되실 거예요."

내가 물었습니다.

"하나님께서 말씀하셨나요?"

그분은 "아뇨."라고 대답했지만, 나는 타일러에 계신 목사님께 전화를 했습니다. 목사님은 "걱정 말고 오실 수 있으실 때 와 주세요."라고 말했습니다.

그 주 토요일 나는 텍사스행 비행기에 올랐습니다. 공항에 도착한 뒤 75번 고속도로를 타고 오클라호마 주 경계선과 근접한 셔먼에 도착했습니다. 나는 다시 슬라이드를 펼치며 비전을 나누었고, 케이시 목사님은 교인들에게 뉴욕에 있는 아이들을 돕자고 말했습니다.

헌금을 세는 동안 교회의 회계 집사님이 나를 불렀습니다.

"목사님, 이것 좀 보세요!"

세 개의 테이블 위에 놓여 있는 수표와 현금은 마치 은행 금고에 있는 돈 같았습니다.

"헌금은 모두 1만 8천 달러예요. 그리고 이것 좀 보세요."

회계 집사님이 봉투를 건네주며 말했습니다. 봉투에는 어떤 남자의 이름이 적혀 있었습니다.

"열어 보세요."

봉투를 여는 순간 안에 있던 내용물이 내 손바닥 위에 떨어졌습니다. 37센트와 옷 보푸라기 한 점이었습니다. 집사님이 말을 이었습니다.

"이분은 노숙자예요. 그분이 주머니에 있던 모든 것을 헌금했다는 것을 목사님께 말씀드리고 싶었어요."

내가 이 세상에서 처음으로 겪은 일이었습니다. 8일 만에 주님께서는 그 건물의 계약금보다 훨씬 많은 2만 8천 달러를 공급해 주셨습니다.

그게 사실이에요?

아이들의 마음을 만질 사역의 비전은 뜨겁게 타고 있었습니다. 우리가 그 낡은 창고를 구입하기로 했다는 소식은 마치 불길처럼 퍼져나갔습니다.

"그게 사실이에요? 정말이에요?"

전에 같이 일하던 동역자들의 전화가 빗발쳤고, 어떤 사람은 버스의 팀장을 하게 해 달라고 애원했습니다. 그는 동네에서 메트로의 영향력을 직접 본 사람이었습니다. 그는 사랑과 긍휼, 재미와 기쁨 등 우리 사역의 모든 부분에 동참하길 원했습니다. 심지어 마약에 중독된 아이들까지도 자기 동생이 주일학교에 나올 수 있도록 도왔습니다.

"제 어린 동생이 나같이 되는 건 정말 싫어요."

우리 팀원들과 자원봉사자들은 수천 장의 전단지를 돌리면서 새로 문을 열 주일학교를 홍보했습니다. 너무나 오랫동안 주차되어 있어 고장나 버린 몇 대의 버스들은 팀원 중 하나인 정비사가 다시 고쳤습니다. 전에 심방 다니던 가정들을 다시 찾아다녔고, 지도에 표시해 가며 우리가 맡을 영역을 넓혀 갔습니다. 한번은 겉옷도 입지 않고, 신발도 신지 않은 조그만 아이가 우리 사역자에게 물어 왔습니다.

"뭐 하시는 거예요?"

사역자는 대답했습니다.

"주일학교에 아이들을 초대하려고 준비하고 있단다.

예수님에 대해 배울 아이들 말야."

그러자 그 아이가 물었습니다.

"주일학교가 뭔데요? 예수님은 누구예요?"

교통 마비

그 주말, 메트로교회가 다시 문을 열었을 때, 에버그린 가와 그로브 가 사이에서 벌어진 교통 마비는 참으로 경이로운 광경이었습니다. 동네 주민들은 창문마다 얼굴을 내밀고 이 진귀한 모습을 구경했습니다. 사람들이 가던 길을 멈추고 보도 위에 서서 몰려드는 버스를 주목하기 시작했습니다. 그 첫 주에 2천 4백 명의 아이들이 우리 주일학교 버스에 올라탔습니다.

당시 우리 사역의 헌신된 동역자들은 딱 다섯 명뿐이었습니다. 그들은 한겨울에는 갈라지는 건물을 수리하려 몸을 아끼지 않았고, 매일 밤 55갤런의 드럼을 창고 중앙 시멘트 바닥으로 옮겨 놓은 뒤 나뭇가지 몇 개를 그 안에 넣고 불을 지폈습니다. 그러곤 그 옆에서 침낭을 끌어다가 다음 날 일을 시작하기 전까지 잠시 눈을 붙이곤 했습니다.

당시 우린 정말 보잘것없는 사람들이었습니다. 우리가 무엇을 하든지 사람들은 신경조차 쓰지 않았습니다. 방문해 주는 사람도, 격려의 전화도 없었습니다. 지금은 전화가 참 많이 오지만, 사역을 개척한다는 것은 참으로 외롭고 힘든 일이었습니다. 그래서 나는 지금도 살아 있을 때 꽃을 보내지 않은 사람의 장례식에 꽃을 보내지 않습니다. 진정으로 누구를 위하는 마음이 있다면 말할 기회가 있을 때 말해야 합니다. 두번 다시 기회가 오지 않을지도 모르니까요.

사역이 다시 시작되고 회복되었다는 소식을 듣고 사람들이 카펫, 의자, 가스 난방기 같은 물품들을 보내 왔습니다. 우린 진심으로 감사하는 마음으로 받았지만, 내야 할 공과금이 너무 많아 힘든 상황에 처해 있었습니다. 좋은 의도로 많은 중고품들이 보내졌습니다. 어느 한 여인은 먹다 남은 차 봉지가 들어 있는 봉투를 보내며 세금 공제를 위한 영수증을 요구하기도 했습니다. 지금도 폐차를 하지 않으면 안 될 상태의 버스들을 많이 기증받고 있지만, 때로는 보험 가입비보다 수리비가 더 많이 든다는 사실을 기부자들은 알지 못하나 봅니다. 이런 사역을 위해 기증품을 보내오는 많은 교회들은 도시에 있는 선교지의 필요에 대해 실질적이지 못한 생각을 갖고 있습니다. 많은 사람들이 우리는 찌꺼기를 필요로 한다고 생각하는 것 같습니다.

이런 이야기를 하다 보니 플로리다에서 처음 나갔던 교회가 생각납니다. 매주 화요일 여전도회는 침대 시트를 길게 갈기갈기 찢어 돌돌 말아 다음 아프리카의 선교지로 보냈습니다. 왜 그렇게 했는지 전 아직도 이해할 수가 없습니다. 그 찢어진 침대 시트를 보며 "이걸 다 꿰매기만 하면 훌륭한 이불이 되겠는걸!" 하고 말하는 원주민들의 얼굴이 눈에 선합니다.

기적이 필요합니다

우리 건물은 저당을 잡힌 상태였기 때문에 유지비가 계속해서 늘어났습니다. 매주일 말씀을 전하러 교회들을 찾아가는 것으로는 턱없이 부족했습니다. 대출금이 밀려 있는 상황에 이자는 계속 불어나고 전기세, 수도세, 가스요금, 보험료에 눌려 숨을 쉴 수가 없었습니다. 보금자리를 얻는 대가로 새로이 대면하게 된 문제들이었습니다. 재정적인 후원이 거의 없었기 때문에 우린 건물의 대출금이 계속 연체되는 것을 바라보고 있을 수밖에 없었습니다. 거기에 미국 곳곳에서 날아와 보수공사를 도와주는 사람들을 보자, 건물의 전 주인은 욕심을 부리기 시작했습니다. 새로 수리된 건물을 더 높은 가격으로 팔 생각에 건물을 환수하는 절차를 밟기 시작한 것입니다.

어느 날 장부를 관리하는 직원이 말했습니다.

"빌, 현재 우리가 진 빚이 8만 5천 달러나 돼요. 어떻게 하죠? 이 빚을 어떻게 다 갚아요?"

이 사역의 동역자들은 전혀 교회를 도울 수 있는 처지가 아니었습니다. 모두 그날 그날 필요를 채워주시는 하나님을 바라보며, 가끔 월급을 소시지 샌드위치로 받으며 일하는 사람들이었기 때문입니다. 신실한 후원자들은 아주 적었습니다. 우리가 가진 건 아이들, 매주 계속해서 늘어나는 아이들뿐이었습니다.

이런 생활이 계속되자 전화를 받는 것조차 싫어졌습니다. 보나마나 빚 독촉 전화일 테니까요. 교회는 다시 한 번 문을 닫아야 할 것 같았습니다.

'적금을 깨 헌금한 복음등대교회 성도들에게 이 일을 어떻게 설명해야 하나? 우리를 후원해 준 많은 분들에게 내가 무엇을 하는지 나도 모르겠다고 어떻게 말씀드려야 하나?'

이런 생각들을 하자 눈 앞이 캄캄했습니다.

바로 그때, 셔먼의 클로드 케이시 목사님에게 전화가 왔습니다.

"빌 목사님, 상황이 별로 안 좋으시죠?"

"네." 나는 힘없이 대답했습니다.

"대출금을 빨리 처리해야 할 텐데, 그렇죠?"

"네, 그런데 어떻게 처리해야 할지 전혀 감이 잡히질 않습니다."

"기적의 주일을 가져 보는 것이 어떻겠습니까?"

목사님의 제안이었습니다.

"무슨 말씀이시지요?"

나는 귀가 솔깃했습니다.

"하하. 저도 잘 모르겠지만 한번 머리를 모아 봅시다."

몇 주 후 케이시 목사님에게 다시 전화가 걸려 왔습니다.

"빌 목사님, 목사님께서 하시는 사역을 담은 다큐멘터리식 영화를 만들어야겠습니다. 어떤 일이 벌어지고 있는지 보게 된다면 후원자가 많이 생길 것입니다."

"하지만 목사님, 영화 한 편에 제작비가 얼마나 드는지 아세요? 1분에 몇천 달러라고 하더군요. 우린 그런 돈이 없잖습니까?"

브루클린으로 가는 버스

통화 후 얼마 안 되어 전에 다니던 교회의 선교부장에게 전화가 걸려 왔습니다.

"지금 그렉 플레싱과 저의 아들 봅이 〈선교 미국〉이라는 영화를 제작하는데, 빌 목사님과의 인터뷰를 3분짜리 컷으로 편집해 넣고 싶습니다."

"좋습니다."

나는 흔쾌히 승낙했습니다.

"저는 매주 토요일 이곳에서 버스를 운전하거든요. 언제든 말씀만 해주세요."

인터뷰는 아이들을 버스에 태우는 도중에 진행되었습니다. 그날 저녁 그렉이 말했습니다.

"이 영화를 제작하는 순회 일정 중 이곳이 마지막 장소입니다. 우리는 목사님을 잘 모르지만, 목사님께서 하시는 일이 큰 열매를 맺을 거라는 것을 믿습니다."

그러고는 계속해서 말했습니다.

"우린 이 사역을 위해 헌금할 돈은 없지만, 무료로 영화를 제작해 드릴 수는 있습니다. 이 사역에 대한 작은 선물로요. 방금 일원들하고 이야기했는데 목사님만 괜찮으시다면 내일 하루 더 머물러도 될 것 같은데요. 촬영 장비는 여기 다 있습니다. 사역에 영화가 도움이 되겠습니까?"

영화가 도움이 되겠냐니요! 나는 충격에 말을 이을 수가 없었습니다. 잠시 후 그에게 셔먼에 있는 목사님과의 통화 내용을 말해 주었습니다. 22분짜리 이 영화의 제목은 〈브루클린으로 가는 버스〉였습니다. 하나님께서 이 특별한 사역을 통해 하시는 일을 소개하는 영화였습니다.

그런 다음 나는 미국 방방곡곡에서 우리를 후원해 준 교회 15곳을 연락해 기적의 주일에 대한 설명을 했습니다. 모두들 기꺼이 돕겠다고 나서 주었습니다. 그 영화의 사본 열다섯 장을 찍어 1984년 2월 24일, 같은 날 동시에 열다섯 개의 교회에서 상영할 수 있도록 보냈습니다.

그날 열다섯 개의 교회에서 들어온 헌금의 액수는 자그마치 십일만 달러였습니다! 건물의 대출금을 다 치르고도 남아서, 우리는 교회 옆의 공동 주택을 사 부원들의 숙소를 마련할 수 있었습니다.

부시윅에서 벌어지고 있는 일들을 생각할 때면, 버스 위에 서서 떨면서 아이들에게 미안하다고, 모든 게 끝났다고 말하던 내가 지금의 나라는 게 믿기지 않습니다. 나의 생각은 잘못된 것이었습니다. 지금부터가 바로 시작이었습니다.

토요일 아침 주일학교가 진행되는 동안 버스가 줄지어 기다리고 있다.

메트로교회 사역자들은 어린이들이
교회 안으로 안전하게 들어올 수 있도록 이끌어 준다.

호루라기를 불면

인격은 유전과 환경의 상호작용에 의해 만들어진다.
토인비(1889~1975)

"여자친구들! 준비됐나요?"

내가 마이크에 대고 힘차게 외치면, 여자 아이들이 "네!" 하며 큰 소리로 대답합니다. 그럼 다시 묻습니다. "그럼 남자 친구들은 어때요? 준비됐나요?" 남자 아이들은 더욱 큰 소리로 "네!" 하고 대답합니다.

작은 규모지만 밴드가 반주를 시작하면 교회 전체는 찬양으로 떠나갈 듯합니다. 지난 주에는 '이 모든 세계는 주님 손에'라는 찬양으로 주일학교 예배를 시작했는데, 나는 이 곡의 2절 가사가 참 좋습니다. 우리는 '뉴욕 시는 주님 손에'로 가사를 바꾸어서 불렀습니다. 다음 주에는 '교회에 왜 왔나요? – 주님을 찬양하러 왔어요!'라는 찬양으로 예배를 시작하려고 합니다.

지금은 토요일 아침 열 시입니다. 세 번의 예배 중 첫 번째 예배가 시작되었습니다. 메트로교회는 지저분했던 창고에 비하면 정말 많이 발전했지만 그렇다고 쾌적한 상태는 아닙니다. 솔직히 쾌적한 분위기란 우리 사역지와는 전혀 거리가 먼 이야기입니다. 하지만 이제는 적어도 비위생적이지는 않습니다.

본당은 예배당이라기보다는 실내 경기장과 비슷합니다. 야구 경기장의 외야석 같은 좌석들은 가장자리에다 붙여 놓았고, 중앙에는 의자를 빽빽하게 늘어놓았습니다. 가운데의 긴 통로 중간에는 남자아이들과 여자아이들을 갈라 놓는 선이 그려져 있습니다. 이 사역을 하면서 깨달은 것 중 하나는, 어린아이들과 무언가를 할 때는 산만하게 하는 요소들이 적으면 적을수록 좋다는 것입니다. 예배를 시작하기 전에는 꼭 국기에 대한 맹세와 크리스천 기에 대한 맹세를 큰 소리로 외칩니다.

규칙을 따라

우리는 예배를 시작하기 전에 예배 시간 동안 꼭 지켜야 할 세 가지 규칙을 아이들에게 인지시킵니다. OHP 화면에 나와 있는 규칙을 함께 읽는데 몇 번 들어 본 아이들은 잠결에서도 복창할 정도로 머리에 잘 새겨집니다. 내가 묻습니다.

"첫째 규칙이 뭐죠?"

"자기 자리에 앉아 있기요!"

아이들이 큰 소리로 대답합니다.

두 번째 규칙은 '빨간 줄에 앉지 말기'입니다. 건물은 정원이 초과되지만, 우리는 법을 위반하지 않기 위해 한 좌석에 한 명만 앉도록 합니다. 가장자리에 빨간 줄을 칠한 이유는 우리 직원들이 안전하게 지나다닐 수 있게 하기 위해서입니다. 세 번째 규칙은 '호루라기를 불면 조용히 하기'입니다. "한번 연습해 봅시다!"라고 말한 후 내가 호루라기를 불면 시끄럽던 건물 안이 순식간에 조용해집니다.

메트로 주일학교를 참석해 본 사람들은 떠들썩하고 활동적인 말썽꾸러기들이 순식간에 얌전한 신사숙녀가 되는 것을 보고는 놀라곤 합니다.

신나고 열광적인 분위기를 조성해야 할 땐 이 한 마디면 됩니다.

"누구네 버스가 제일이지?"

그러면 아이들은 서로 그들의 버스 번호를 힘껏 외칩니다. 조용히 해야 할 때엔 호루라기를 붑니다. 그러면 언제 그랬냐는 듯이 교회 안은 잠잠해집니다. 이것은 마술이 아니라, 아이들이 충분히 익히고 배울 수 있는 논리입니다. 때론 공립학교 선생님들이 이렇게 말하곤 합니다.

"빌 목사님은 어떻게 그렇게 하실 수 있는지 모르겠어요. 우리는 아이들이 하도 난리를 쳐서 조회하는 것도 포기했는걸요."

한번은 내가 운전하는 버스를 타는 아이에게 물었습니다.

"학교 선생님은 학교에서 어떻게 대해 주시니?"

"하루 종일 우리에게 소리만 지르세요."

"그럼 학생들은 어떻게 하는데?"

나는 되물었습니다.

"다시 선생님한테 소리지르지요."

"하루 종일?"

난 궁금했습니다.

"네! 하루 종일요!"

이런 상황이라면 학교 문에 자물쇠가 채워져 있는 것, 경찰들이 복도를 순찰하는 것, 선생님들이 조기 정년 퇴임하거나 '주민 격투 보너스'라는 것을 받는 것이 어떻게 보면 너무나 당연하게 느껴집니다.

시행착오

우리가 현재 주일학교를 진행하는 방식은 셀 수 없이 많은 시행착오를 통해 얻어진 결과입니다. 분명히 말할 수 있는 것은 지금 우리가 하고 있는 방식이 아주 효과적이라는 사실입니다.

  우리는 주일학교를 운영할 때 다음과 같은 몇 가지 원칙을 염두에 둡니다.

  무엇보다도, 주일학교는 재미있어야 합니다. 그래야 아이들이 계속 오고 싶어 합니다.

  둘째, 설교 시간을 지루해하는 아이들이 많기 때문에 말씀을 전하기 전에 그들에게 에너지를 발산할 기회를 주는 것이 좋습니다. 그러면 설교 시간에 더욱 경청하게 됩니다.

셋째, 전 주에 배웠던 내용들을 복습할 기회를 주는 것입니다. 전 주에 배웠던 것 중에서 문제를 내, 맞히는 아이들은 앞으로 나와서 게임을 할 수 있습니다.

설교 시간에도 콘테스트는 계속됩니다. 우리는 설교 시간에 자세가 바른 아이들에게 점수와 선물을 줍니다. 이렇게 하면 아이들은 스스로 자세를 바로 하고 귀 기울여 설교를 듣습니다.

우리를 방문하는 분들은 예배 순서에 헌금 시간이 있다는 사실에 놀라곤 합니다. 하지만 나는 어릴 때부터 아이들이 하나님의 일에 동참해야 한다고 생각합니다. 헌금은 상징적인 것입니다. 우리는 헌금으로 식권에서부터 지하철 표까지 안 받아 본 게 없습니다.

무엇보다도 주일학교의 중심은 설교 시간입니다. 설교는 성경 말씀을 토대로 전하는 간략한 메시지입니다. 우리는 하나님과의 개인적이고 친밀한 관계의 중요성과 그 관계를 어떻게 삶 속에 적용해야 되는지를 늘 바탕에 깔고 말씀을 전합니다.

주일학교는 일곱 살에서 열세 살까지의 어린이들로 구성되는데 그중 열 살, 열한 살, 열두 살의 어린이가 가장 많습니다. 앞으로 올 세대가 변화되려면 어렸을 때부터 올바른 가치관을 심어 줘야 합니다. 우리는 할 수 있는 데까지 이들에게 다가가고 도우려고 최선을 다합니다. 그들이 어른이 되었을 때 세상에 선한 영향력을 끼치리라 믿기 때문입니다.

열네 살이면 이미 늦습니다. 나는 예방이 가장 효과적인 방법이라고 생각합니다. 어린아이들의 인격을 빚는 것이 어른들을 치료하는 것보다 훨씬 쉽습니다.

문을 두드리다

우리 주일학교 사역이 장기적인 성공을 거두는 데 열쇠 역할을 한 것이 있다면, 아마 일주일에 수천 번씩 이루어지는 '심방'일 것입니다. 어린이들이 하교하는 시간부터 해가 질 때까지 뛰어다니며 심방하는데, 겨울에는 그 시간이 턱없이 짧습니다.

심방을 하는 사람들은 버스 팀장과 보조 선생님들입니다. 그들은 자기에게 맡겨진 구역에 사는 어린이들의 명단을 가지고 집집마다 찾아가 문을 두드립니다. 어느 동네는 한 아파트에서 나온 아이들이 버스를 가득 채우고 또 어떤 곳은 그렇지 않기도 하지만, 보통 한 버스가 맡는 구역이 그리 넓지는 않습니다. 어떤 지역은 길게 열여섯 블록과 넓게는 다섯 블록까지 이르기도 합니다.

우리는 매주 그 주의 주일학교 프로그램을 소개하는 포스터를 만들어서 초등학교 정문 앞에서 어린이들에게 나눠 줍니다. 처음 오고 싶어 하는 어린이들에게는 어머니더러 전단지에 있는 전화번호로 전화하시라고 얘기하도록 당부한 다음, 몇 시에 어떤 버스가 그들의 집 앞에 도착할 것인지를 알려 줍니다.

1년에 몇 차례 특별한 행사도 합니다. 매년 사역지 주변에 사는 어린이들에게 크리스마스 양말을 나눠 줍니다. 미국 전역에서, 하나님이 메트로를 통해 일하신다는 것을 믿는 자매들이 손수 꿰매고 솜을 넣어 만들어 준 것들입니다. 'Operation Holiday Hope'라는 단체의 도움으로 이런 특별한 일들은 더욱 힘을 발합니다. 주일학교에 오는 모든 어린이들이 예쁘게 포장된 성탄절 선물을 받습니다. 이곳 어린이들 중 대다수에게 이것은 그들이 받는 유일한 선물입니다. 선물 안에는 정성 담긴 편지도 들어 있습니다. 아이들은 이 세상 어딘가에 자신을 사랑하는 사람이 있다는 것을 확인하고는 특별하고 행복한 성탄절을 맞이합니다.

한번은 '화이트 캐슬 햄버거'라는 제목의 홍보 전단지를 만들어, 아이들 학교 앞으로 갔습니다. 그 주에 주일학교에 나오는 어린이들에게 이 햄버거를 주기로 한 것입니다. 이런 일을 할 수 있기까지는 보이지 않는 곳에서 우리를 도와주는 수많은 분들이 있습니다. 이 경우에는 오하이호 주에 있는 한 유명 가스펠 그룹이 햄버거 값을 지불하였습니다. 그들은 메트로 주일학교를 방문했을 때 하나님께서 하시는 일을 보고 마음이 감동되었다고 합니다.

하교 시간이 되면 굳게 닫혔던 학교 정문이 활짝 열리며 아이들이 몰려나옵니다.

"애야, 이것 좀 어머니께 보여 드릴래?"

"내일 버스 타러 나오지 않을래?"

30초도 채 지나지 않았는데 전단지를 달라고 조르는 어린이들이 마구 몰려듭니다. 계속 주일학교에 나온 어린이들은 하이파이브를 하며 좋아합니다.

그 주 주일학교가 끝나고 버스에 탄 아이들에게 '화이트 캐슬 햄버거'를 나누어 주었습니다. 그런데 예상과 달리 많은 어린이들이 곧바로 햄버거를 먹지 않았습니다. 그들은 버스에서 내려 엄마와 이웃 사람들에게 햄버거를 흔들어 보입니다. 티파니라고 하는 아이는 이렇게 말했습니다.

"이 햄버거를 집에 가지고 가는 것이 너무 기다려져요!"

이유를 물으니 이렇게 대답합니다.

"제 동생에게 반 나누어 주려고요. 동생은 한번도 이런 햄버거를 먹어 본 적이 없거든요. 굉장히 좋아할 거예요."

티파니의 남동생인 로버트는 네 살인데 9개월 전 에이즈 바이러스에 의해 뇌에 염증이 생긴 뒤로부터는 말하지도, 걷지도 못합니다. 엄마는 마약 투약자로 라이커스 섬에 있는 정부의 공공시설에 수감되어 있습니다.

빈민가에 있는 사람들을 하나님께로 이끌려면 우리는 보이는 영향력을 선사해야 합니다. 마약 판매업자들, 차량 절도범들, 술 주정뱅이들과 창녀들이 영향력을 끼치고 있는 이 때에, 우리 하나님의 사람들이 빨리 일어나 그들에게 선한 영향력을 발해야 합니다.

우리는 한가족

주중에 진행되는, 짧지만 깊이 있는 심방을 통해 형성되는 관계들은 주일학교 프로그램과 동일한 중요성을 지니고 있습니다. 그중 하나라도 빠지면 안 될 정도로 둘 다 중요합니다. 오랜 사역을 통해 많은 버스 팀장들은 그들이 심방하는 가정의 한 부분이 되어 버렸습니다. 자원봉사자들 중 많은 수가 몇 년 전만 해도 주일학교 버스를 타던 어린 이들이었습니다. 전임으로 일하는 사역자들은 필요를 보고 그 필요를 채우기 위해 사역에 동참한 분들입니다. 그들의 재정은 개인이나 교회의 후원을 통해 채워집니다.

주말에 설교 초청을 받아 다른 교회들을 방문하면 많은 목사님들이 내게 묻습니다.

"내년 여름 우리 교회에서 청년들을 보내 목사님의 사역을 돕게 하면 어떨까요?"

또 많은 어머니들이 묻습니다.

"저의 아들, 딸이 참여할 수 있는 인턴십 프로그램이 있나요? 무척 좋은 경험이 될 것 같아요."

그런 질문에 서슴지 않고 "네"라고 대답할 수 있었으면 좋겠습니다. 하지만 특별한 기술을 가진 사람이 단기적으로 필요할 때도 간혹 있지만 일반적으로 단기 봉사는 큰 도움이 되지 않습니다.

1~2주밖에 안 되는 단기적인 경험이 동네를 바꿀 수는 없습니다. 군대에서 전쟁을 위한 신병을 모집하는 데만 적어도 2주 넘게 걸리는 것을 봐도 알 수 있습니다. 이것은 전쟁입니다. 지금 세대 사람들의 운명을 위해 싸우는 전쟁입니다.

솔직히 말하자면, 며칠이나 몇 주 동안 머물기 위해 온 사람들은 우리에게 필요한 것의 중요성과 깊이를 헤아릴 수가 없습니다. "가서 다른 애들은 어떻게 사는지 한번 봐라." 하는 부모님이나 사역자들의 권유에 의해 오는 청소년들은 이곳에서 자신이 가치보다 못 미치는 존재가 되는 듯이 느낍니다. 우리 직원들은 이들을 위해 내어줄 시간과 여유가 없습니다.

우리는 지금 브루클린 부트 캠프와 인턴십 프로그램을 운영합니다. 우리가 하는 사역은 조심스럽고, 시간의 헌신이 무한대로 필요할 뿐더러 때로는 위험하기까지 합니다. 그렇기 때문에 인턴도 적응력이 뛰어나고 빈민 사역에 대한 열정을 가지고 있다고 담임 목사님들이 강력히 추천하는 사람들 중에서만 뽑습니다. 제 입장이 되어 본다면, 이 사역에 도움이 되지 않는 사람들을 훈련시킬 여유가 없다는 것을 알게 될 것입니다.

도움이 필요하지 않느냐구요? 아뇨. 절실히 필요합니다. 가능성이 무한대이고 채워져야 할 필요가 급하기 때문에 백 명, 아니 천 명의 사역자들이 있어도 모자랄 지경입니다. 하지만 이 사역에 동참할 사람들은 목숨을 내놓고 일할 사람들이어야 합니다. 그들이 감당해야 할 사역이 5년, 10년, 20년, 아니면 일생 동안 계속될지도 모르기 때문입니다.

전화번호가 뭐니?

이 사역은 끝이 없습니다. 토요일 새벽 6시면 우리는 버스를 청소합니다. 8시 45분에는 버스 팀장들과 보조 선생님들의 모임이 시작되는데, 그때 우리는 새로 신청한 아이들의 이름과 주소를 나눠 줍니다. 그리고 하나님께 우리를 보호해 주시고 오늘의 말씀이 어린이들에게 영향력을 끼치게 해 달라고 기도합니다.

9시가 되면 어린이들이 길모퉁이와 각자의 집 앞으로 모이기 시작합니다. 비가 오나 눈이 오나 한결같습니다. 아이들은 늘 밝은 미소를 지으며 버스에 뛰어올라 그들의 가장 친한 친구인 버스 팀장에게 인사를 합니다. 보조 선생님은 앞자리에 앉아, 아이들이 귀가할 때 타야 하는 버스를 잊지 않도록 한 명 한 명의 손등에 버스 번호를 적어 줍니다.

어린이들은 주일학교가 시작할 때까지 기다리지 않습니다. 이미 버스 안에서부터 노래를 부르기 시작합니다. 메트로교회 앞에 서 있으면, 어떤 날은 버스가 보이기도 전에 멀리서 노랫소리가 먼저 들려옵니다.

강당에서 마지막 아멘 소리가 들리면 아이들은 다시 버스로 갑니다. 팀장이 인원을 점검하고 나면 버스는 출발합니다. 팀장에게 이것은 하루의 시작에 불과합니다. 짧은 휴식을 취하고 재빨리 점심을 먹은 후 1시 예배를 위해 다시 아이들을 데리러 갑니다. 4시부도 똑같습니다.

내가 아직도 매주 나의 버스에 타는 모든 아이들의 집을 방문한다고 하면, 많은 사람들이 놀라곤 합니다. 내가 아직도 토요일마다 직접 버스를 운전하는 것을 보고 놀라는 사람들도 많습니다. 하지만 나는 여전히 직접 버스를 운전하는 것은 물론이요, 비상상황이 아닌 이상 항상 아이들을 방문합니다.

6년 동안 내가 개인적으로 방문해 온 지역은 브루클린의 스투이베상입니다. 하지만 이제는 우리 주일학교를 졸업한 두 여학생이 그 지역을 담당합니다. 이제 나의 새로운 사역지는 부시웍의 매우 위험한 지역입니다.

아이들이 내게 달려와 "요기베어가 온다!"라고 말하지 않는 날이 거의 없습니다. 요기베어는 아이들의 관심을 끌어모으기 위해 우리가 처음 사용한 만화 주인공입니다. 아직까지 우리 교회를 요기베어 주일학교라고 하는 사람들도 있습니다.

물론 교외의 편안한 집에 살면서, 말씀을 전할 때만 도시로 나오는 삶이 훨씬 더 쉬울 것입니다. 실제로 많은 도시 사역자들은 이렇게 합니다. 하지만 나는 사람들을 이끌기 위해서는 오직 한 가지 방법밖에 없다고 봅니다. 그들과 같이 어깨를 맞대며 일하는 것입니다.

나는 워드C.M. Ward 박사님(1090~1966)이 한 말씀을 참 좋아합니다.

"리더는 앞에서 사람들을 이끌어야 한다. 비록 동네에서 쫓겨나는 상황일지라도 앞으로 나가 사람들이 그것을 멋진 퍼레이드라고 생각하게 만들어라."

부시윅과 같은 수많은 게토(소수 민족, 특히 흑인이 모여 사는 빈민가)들이 우리 사역을 받아들이는 이유는 우리가 그들과 같이 한동네에서 먹고 자고 살기 때문이라고 생각합니다. 여기는 우리의 집이며, 이 사람들은 우리의 이웃입니다.

나는 이 동네에서 아주 드문 백인입니다. 그 사실은 절대 바뀌지 않습니다. 하지만 이곳 사람들은 나를 거부감 없이 받아줍니다. 왜냐고요? 나 또한 아이들이 이용하는 더러운 계단을 이용하기 때문입니다. 아이들이 비싼 운동화를 신었거나 신지 않았거나, 그들의 머리에 이가 있거나 없거나 똑같이 껴안아 주기 때문입니다. 사람들은 사랑과 관심에 반응을 보입니다. 금방 사라져 버리는 약속은 더 이상 믿지 않습니다. 그들은 현실을 원하고 있습니다.

통로

우리 사역의 기반은 관계에서부터 시작됩니다. 감정적으로 통하는 것이 없다면 매주 매달 매년 똑같은 가정을 방문하는 것은 불가능한 일입니다. 헌신도 중요하지만, 그것만으로는 한겨울 영하 10도의 혹한이나 8월의 무더위, 동네 불량배들의 온갖 괴롭힘을 견디며 게토에 머물기가 힘들 겁니다. 게토에 머무르는 이유는 진정으로 이 아이들을 위하는 마음이 있기 때문입니다.

주일학교에서 조용히 하라는 주의를 들은 10살짜리 꼬마가 "당신을 죽일 거예요."라고 말한다면 어떨까요? 대부분의 사람들은 그 말을 듣는 즉시 그만둘 것입니다. 이런 일을 어떻게 다루어야 할까요? 이 아이에게 시간을 투자하여 도와주어야 합니다. 그러지 않으면 언젠가 그 아이가 정말로 누군가를 죽이게 될지도 모르니까요.

테레사 수녀님에게 누군가 이런 말을 했습니다.

"저는 돈을 받아도 당신이 하는 일은 못할 거예요."

그러자 수녀님이 말했습니다.

"저도 마찬가지예요."

빌 윌슨 목사기 센트럴파그기 보이는 5번지의 멋진 집에 산다거나 뉴저지 주에서 거주한다는 소리를 듣는 날은 곧 이 사역이 끝나는 날입니다. 하나님은 부유한 듀퐁 가나 록펠러 가에서 사역하라고 나를 부르시지 않았습니다. 필요가 곧 소명입니다. 나는 브루클린으로 가라는 음성을 듣지 못했습니다. 나는 필요를 보았고, 나를 필요로 하는 곳이 있는 한 이 일을 계속할 것입니다. 브루클린이 바로 내 삶이 끝나는 곳이 될 것입니다.

우리 동네에 오래 살면 살수록 외부인에게 잘 보이는 것이 중요하지 않다는 걸 깨닫게 됩니다. 교회에 멋진 간판을 붙이고 버스를 장식하는 일들은 진작 포기했습니다. 그런 것은 총탄을 부를 뿐이니까요.

예전에는 버스에다 교회 이름을 그려넣기도 했지만 이제는 그러지 않습니다. 버스는 이미 너무 낡았고 엔진은 곧 고장날 텐데 돈을 낭비할 필요가 있을까요? 버스를 칠하기 위해 500불을 썼는데 알고 보니 페인트 값이 버스 값보다 비쌌습니다!

사람들은 우리의 사역을 항상 나와 연관시킵니다. 내가 전국을 다니며 알리기 때문에 우리 사역이 확장된다는 것입니다. 하지만 부시윅에 스타는 없습니다.

준비는 필수

매주 수요일이면 우리는 2시간 동안 주일학교 프로그램을 준비하고 계획하는 미팅을 갖습니다. 수업 내용은 물론이요 가르치는 방법도 다양하게 하는 것이 중요합니다. 설명하기에 가장 효과적인 방법은 무엇인가? 어떤 도구들이 필요한가? 시각 자료로는 무엇을 활용할 수 있는가? 이런 것을 항상 생각합니다. 그리고 무엇보다 염두에 두어야 할 것은 '이것이 인생을 바꿀 수 있을 만큼 강력한가?' 하는 것입니다.

모든 봉사자들에게는 각각의 숙제가 있습니다. 목요일과 금요일에는 필요한 준비물을 마련하고, 그 주의 주일학교에 필요한 대본을 씁니다. 그리고 금요일 저녁에는 주일학교의 모든 것을 정리해 봅니다.

토요일 아침에 시작하는 첫 모임이 완벽하게 진행되면 참 좋겠지만, 이때가 실수를 고치는 시간입니다. 그러고 나면 2부와 3부는 매끄럽게 진행됩니다.

교재에 나오는 내용들은 우리가 이미 철저하게 가르쳐 보고 실험해 본 것들입니다.

분명한 초점과 구체적인 헌신을 통해 우연히 발견한 결과도 많이 있었습니다. 미처 기대하지 못했던 아주 귀한 결과들이었습니다.

아이들은 청소년이 되어도 메트로교회를 떠나려 하지 않습니다. 그래서 이제는 주중에 청소년을 위한 성경 공부와 레크리에이션을 합한 클럽 L.I.F.E.가 열립니다. 매주 1천 명 이상이 이 프로그램에 참여하고 있습니다.

주일학교는 활기 넘치는 어른 예배까지도 만들어 냈습니다. 이들은 주님께서 자신의 아이들에게 행하신 일들을 보고 나온 사람들입니다. 그 결과 우리 어른 예배는 계속 부흥하여 지금은 수천 명이 모입니다. 그중 150명 이상이 에이즈에 감염되어 있습니다. 확실히 알고 있는 숫자가 150명일 뿐 실제로는 두 배 이상일 것으로 추측합니다. 예수님을 영접하고 마약 중독과 음란의 문화에서 빠져나온 사람들입니다.

우리는 결혼식 한 번에 장례식을 세 번 치릅니다. 나이가 들어서 죽는 것이 아닙니다. 우리가 땅에 묻는 자들의 평균 연령은 25살입니다. 가장 큰 원인은 에이즈이고 다음으로는 마약과 관련된 폭력입니다.

이곳에서는 잠시도 긴장을 풀 수가 없습니다. 긴장을 푸는 즉시 모든 것이 끝납니다. 그리고 절대로 내가 어디에 있는지 잊어서는 안 됩니다. 이곳에서는 모든 일이 순식간에 일어나기 때문입니다.

한번은 어느 청소년 사역팀이 우리를 방문하여 물을 뿌리며 버스를 닦아 주고 있었습니다. 그런데 실수로 거리를 걷던 사람들에게 물이 튀고 말았습니다. 아무 일도 아닌 것 같지만 이곳에서는 치명적일 수 있는 일입니다.

이 일로 동네 아이들은 청소년 사역팀에 유리병을 던지기 시작했습니다. 사건은 그것으로 끝나지 않았습니다. 오후 내내 동네 아이들의 감정이 끓어올랐습니다. 불행이 닥쳐올 것이 예상되었지만, 우리는 어떻게 해야 할지 몰랐습니다. 그날 밤, 내가 밴을 주차하고 있는데 동네 아이들이 총을 쏘기 시작했습니다. 나는 이 아이들을 쫓아가려 교회 건너편에 있는 학교 운동장에 차를 멈춰 세웠습니다. 문을 열고 차에서 내리자 총알이 불과 몇 초 전에 내가 있던 자리를 스쳐 지나갔습니다.

우리 팀원 중에는 이런 일을 경험한 사람이 많습니다. 한번은 팀원 중 한 명이 초등학교 앞에 있는 사무실로 향하고 있을 때 유난히 빨리 달리는 차 한 대를 목격하였습니다. 그러고는 눈 깜빡할 사이에 급정차하는 소리와 너무나도 익숙한 총소리가 들렸습니다. '탕탕탕'. 그는 총알이 철망에 부딪혀 튀어나오는 진동까지도 느낄 수 있었다고 합니다. 총을 쏜 사람이 운전사였기 때문에 차가 움직여 제대로 쏘지 못했던 것입니다. 그는 학교 운동장 건너편에 있던 누군가를 쏘려 했던 것인데 다행히 우리 봉사자도 학교 아이들도 총에 맞지 않았습니다. 아이들은 총격이 있기 불과 몇 분 전 쉬는 시간을 끝마치고 교실로 들어가 있었습니다.

조사 결과 봉사자들 중 총격 사건을 본 적이 있는 사람들은 15명이나 되었습니다. 사건은 바로 우리 교회 앞이나 집 앞에서 일어났습니다. 봉사자들이 아이들을 방문하러 가는 길에 일어난 총격전도 종종 있었습니다.

하나님께서 우리를 보호하고 계신다는 것을 우리는 알고 있습니다. 연약하거나 어리석어서는 안 된다는 사실도 알고 있습니다. 용기를 잃고 두려움에 떤다면 우리는 아무 일도 해낼 수 없을 것입니다. 우리가 또 어리석게 행동한다면 하나님의 개입이 필요 없는 상황에 빠지게 될 수도 있습니다.

이기는 것과 지는 것

어느 날 밤 봉사자 한 명이 한 남학생 때문에 그의 라디오를 부수는 어리석은 행동을 한 일이 있었습니다. 자기에게 욕설을 퍼붓는 학생을 더 이상 참을 수 없었던 것입니다. 그날 밤 그 남학생은 친구와 함께 되돌아와 우리의 버스 두 대를 폭발시켜 버렸습니다.

경찰에 고발하거나 도움을 청할 때는 이후에 벌어질 일들도 생각해야 합니다. 그 다음 주에 가정 방문을 할 때 경찰에 고발한 그 아이의 집도 방문하게 될 테니까요.

우리는 결정을 해야 했습니다. 문제를 일으키는 아이들은 잃을 것이 없다고 생각하는 반면 우리는 모두 다 잃을 수 있기 때문입니다. 서부 영화의 한 장면같이 될 수도 있습니다. 끝까지 서 있는 자가 승리하는 것, 이게 바로 게토의 법칙입니다.

하루는 거리를 걷고 있는데 누군가가 아파트에서 떨어뜨린 벽돌이 겨우 몇 인치 차이로 나를 피해 간 적도 있습니다. 어느 팀원의 부인은 우리 버스를 운전하다 공격을 당하기도 했습니다. 그녀는 두 남자에게 납치를 당하려던 순간, 손에 쥐고 있던 사이렌을 눌러 위기를 모면할 수 있었습니다.

어느 부부는 집에 오자 아파트 문이 없어진 것을 보았습니다. 그들의 아파트는 완전히 털렸습니다. 끝까지 아파트 문은 찾지 못했다 합니다.

마치 미로처럼

프로그램이 커지면서 나는 내 삶의 목표와는 전혀 관련이 없는 것에 많은 시간을 보내게 되었습니다. 평생 버스만 운전하며 살고 싶다고 한 말이 이제는 우리 팀 안에서 농담이 되어 버렸습니다. 그렇게 쉬웠으면 좋겠습니다.

뉴욕 시에서는 시스템과 맞서 싸워야 하는 시간이 아주 많습니다. 관료 정치는 마치 미로와 같습니다. 필요한 한 가지 허가를 받으려면 세 가지 허가를 받아야 합니다. 매일 우회와 지체가 반복됩니다. 지나가는 사람에게 이렇게 묻습니다.

"맥도날드는 오늘 왜 닫았어요?"

그가 답합니다.

"어제 누가 폭발시켰어요."

"여기에는 왜 주차를 못 하죠?"

"왜냐하면 경찰들이 저기 있기 때문이죠."

우리에게는 또 하나의 장애물이 있습니다. 사역이 커질수록 나는 자금을 얻으려 곳곳을 돌아다녀야 합니다. 토요일에 떠나 주일에 두세 군데 교회에서 말씀을 전한 후 월요일 아침에 돌아오는 때가 있습니다. 미국과 전세계를 다니며 사람들을 만나고 말씀을 전한 뒤 1~2주 만에 돌아올 때도 있습니다. 1년 52주 중에 50주는 이렇게 생활합니다. 다행히도 우리에게는 '필요가 곧 부르심'이라고 믿는 헌신적인 팀원들이 있습니다. 내가 있든 없든 그들은 모든 일을 순조롭게 진행합니다.

우리가 이 지역으로 온 후로 많은 교회가 문을 열었습니다. 하지만 문을 닫은 곳도 많습니다. 그들이 말해 주는 것은 '기독교는 되지 않는다. 특히 여기서는'입니다.

2년째 되던 해 주일학교를 닫아야 했을 때, 나는 하나님과 이런 약속을 했습니다.

"만일 주님이 다시 주일학교를 열 수 있게 해 주신다면 저는 절대로 절대로 떠나지 않겠습니다."

토요일에 열리는 메트로 교회 어린이 예배는
뉴욕 빈민가에서 온 어린이들로 차고 넘친다.

그들을
버리지 마세요

사람은 누구나 그가 가진 다른 모든 것보다
가치 있는 한 가지를 갖고 태어난다.
마크 트웨인 (1835~1910)

미국이 맞서기를 거부하는 문제가 하나 있습니다. 어린이들의 기초적인 교육에 혁명이 일어나지 않는다면, 이 나라는 내면에서부터 무너지게 될 것입니다. 그리고 그것은 경제적인 붕괴가 아닌 도덕적인 파괴에서부터 비롯될 것입니다.

이 일은 이미 시작되어 퍼지고 있습니다. 내가 부시윅, 사우스 브롱스와 할렘 지역에서 매일 보고 다루는 일들은 비단 이 지역만의 문제가 아니고 금방 사라질 사회적인 현상도 아닙니다. 이곳에서 일어나는 문제들은 마치 전염병처럼 현재 미국의 모든 지역으로 번져 가고 있습니다.

나는 교육자와 목사, 정치가와 부모님 들에게 이렇게 말합니다.

"일어나십시오!"

우리는 더 이상 우리의 아이들에게 일어나는 일들을 보고만 있을 수 없게 되었습니다. 왜 우리는 새로운 BMW 승용차에 4만 불이란 엄청난 액수를 쳐주면서 우리의 기준에 미치지 못한다고 생각되는 아이에게는 한 푼의 가치도 쳐주지 않습니까? 우리에게는 더 이상 그들을 마다할 여유가 없습니다.

손대지 마

나는 매주 방문하는 초라한 집에서 남들 못지않은 탁월한 재능을 가진 아이들을 발견합니다. 하지만 환경과 집안 사정 때문에 그들의 이마에는 X자가 새겨져 있습니다. 이 X자는 세상에 이렇게 말합니다.

"손대지도, 가르치지도, 격려하지도 마세요. 시간 낭비니까. 그들에게는 희망이 없어요."

아니요. 희망이 없지 않습니다. 단지, 그들은 희망을 모를 뿐입니다.

하나님께서는 우리에게 우리보다 불행한 자들을 보살피는 몇 가지 원칙을 제시하셨습니다. 성경은 말합니다.

> 너희가 너희의 땅에서 곡식을 거둘 때에 너는 밭 모퉁이까지 다 거두지 말고 네 떨어진 이삭도 줍지 말며 네 포도원의 열매를 다 따지 말며 네 포도원에 떨어진 열매도 줍지 말고 가난한 사람과 거류민을 위하여 버려 두라 나는 너희의 하나님 여호와이니라 레위기 19:9-10

우리는 물론 성경에 나오는 작은 마을에서 살고 있지 않습니다. 하지만 이웃에 대한 책임은 그때와 지금이 다르지 않습니다. 옛날에는 마을 사람들 중 누군가에 무슨 일이 생기면 주민들이 힘을 합하여 도왔습니다. 하지만 2차 세계대전 이후 경제적인 발전과 자동차의 발명에 의해 미국 교외에 주택가들이 형성되고, 많은 사람들이 교외로 이주하면서 가난한 사람들은 도시에 남게 되었습니다. 그 결과 이미 사회적으로 분리된 빈곤층이 지리적으로도 분리되어 버렸습니다. 이들이 남겨진 도시에 황폐한 건물들을 채우면서 게토라는 빈민가가 형성되기 시작했습니다.

그 다음으로는 1960년대의 인종 폭동이 모습을 드러냈습니다. 정부에서 게토 문제를 해결하기 위해 거대한 자금 분배 정책을 세우기도 했지만, 1980년대에 들어서자 많은 미국인들은 연방의 노력이 효과가 없다는 것을 깨닫게 되었습니다. 가난한 사람들은 교육이나 복지, 의료 등의 부문에서 도움을 받았지만, 이런 제도들은 그들의 필요를 채우기엔 역부족이었습니다. 더욱 비참한 것은 이같은 프로그램들이 서로 유기적으로 연관되지 못한 채 절름발이로 시행되었다는 것입니다. 바로 이같은 점이 우리가 함께 풀어 나가야 할 숙제입니다.

영토 지키기

불행하게도, 사회에 깊이 뿌리박힌 문제는 교회 안에서도 찾을 수 있습니다. 많은 기독교 단체들은 처음에는 숭고한 목적으로 시작하지만,

시간이 지나면서 "어떻게 도울 수 있을까?"에서 "내가 어떻게 살아남지?"로 그 목적이 바뀌어 갑니다.

사회 단체들은 자신의 영역을 빼앗기고 싶어 하지 않습니다. 그들이 서로 화합하여 문제에 맞선다면 얼마나 큰 변화가 있을까요? 지역의 모든 성직자들이 힘을 합하여 당면한 문제를 함께 풀어 나간다면 어떠한 변화가 생길까요?

그러나 서로 다른 교파끼리는 말할 것도 없고, 같은 교파의 목회자들조차도 서로 연합하여 일하는 것을 보기가 무척이나 어려운 것이 현실입니다. 같은 교파 안에서조차 어떠한 일에 참여하게 만드는 결정적인 요인은 자기 보존과 출세입니다. 내 경험이 이 사실을 말해 주고 있습니다. 그들은 수천 명의 아이들이 희망과 긍정의 메시지를 들을 수 있다는 것에 기뻐하기보다는 이런 말들을 합니다.

"우리 교회 근처에는 당신네 버스를 보내지 마세요. 여기는 우리의 영역이니까요."

만약 뉴욕에 있는 수많은 교회들이 우리와 같은 프로그램을 시작한다면 나는 한없이 기쁠 것입니다. 그렇게 된다고 해도 우리는 여전히 수박 겉을 핥고 있을 뿐일 텐데, 대개의 교회들이 예산과 우선권을 정할 때에, 어린이들은 늘 마지막 순위에 둡니다.

로스앤젤레스, 마이애미, 보스톤, 디트로이트 등 미국의 수많은 도시들은 문화적인 충돌과 인종차별 문제를 급속도로 경험하고 있습니다.

딱지가 계속하여 잡아 뜯기는데 상처가 아물 수 있을까요? 이런 일이 뉴욕에서 일어나고 있습니다. 그런데 모두가 이런 상처투성이 도시의 문제를 해결하기 위해 빠르고 쉬운 해답만 찾거나 기대하고 있습니다.

브루클린의 크라운 하이츠 지역에서 흑인과 유대인들 사이에 폭동이 일어났을 때, 시장 데이비드 딩킨스David Dinkins가 사람들이 던지는 유리병과 돌에 맞았습니다. 사람들은 말했습니다. "시장은 여기서 안전하지 못하다."라고. 2천 명의 경찰에 둘러싸여서도 안전하지 못하다면 과연 누가 안전할 수 있을까요?

안과 밖

사람들은 나에게 끊임없이 물어 봅니다.

"빌 목사님, 왜 이렇게 폭력이 많은 거죠? 왜 이렇게 살인이 많은 거죠?"

먼저, 그 동네의 구조를 봐야 합니다. 모든 동네는 각자 특별한 개성과 느낌이 있습니다. 브루클린의 작은 골목이든 브롱스의 아파트든, 모두가 닫힌 동네입니다. 이곳에는 '내부사람 대 외부사람'이라는 이들만의 고정관념이 있습니다.

명확한 경계선 안에 사는 자들은 '내부사람' 취급을 받습니다. 하지만 만약 내부사람이 아니라면 밤에는 항상 뒤를 돌아보며 겁에 질려 다녀야 할 것입니다.

낮에는 다릅니다. 낮은 외부 사람들이 경계선을 자유롭게 들락날락할 수 있는 시간대입니다. 할렘에 사는 백인들도 베이사이드나 퀸스의 라틴계 사람들도 벤슨허스트의 흑인들도 의심받지 않으며 돌아다닐 수 있습니다. 하지만 저녁이 되면 주민들은 누가 그 동네에 속하고 속하지 않는지를 다 압니다. 미상의 외부 사람들은 즉각 감시의 대상이 됩니다.

불행하게도, 청소년들이 동네의 주인 역할을 하고 있습니다. 그들은 할 일 없이 동네 구석을 어슬렁거리면서, 어떠한 값을 치르든 자기 이미지를 세우려 애씁니다. 인정을 받기 위한 첫 번째 방법으로 페인트를 가져다 벽에다 자기들의 이름을 쓸 때도 있습니다. 오직 훔칠 수 있다는 것을 보여주기 위해서 신발을 훔칩니다. 그들이 남자다움을 과시하는 진정한 방법은 동네에서 외부 사람들을 어떻게 몰아내는지 증명해 보이는 것입니다.

셀 수도 없는 곳에서 많은 불량배 조직들이 그들만의 구역을 만들고, 각자 보기에 옳다고 생각하는 일을 합니다. 그리고 이것을 자신들의 사업이라고 말합니다.

내가 이제껏 설명한 많은 것들이 사역자들이 빈민가로 들어왔다 곧 나가는 이유입니다. 하루하루 아무 성과 없이 문제에 맞서다 보면 절망을 느끼기 시작합니다. 사람들이 낙서로 가득한 벽을 새로 칠하는 일을 그만두게 된 것도 이 때문입니다. 이런 것이 모두 다 헛되다고 느꼈기 때문입니다.

몇 년 전에 이런 생각을 해 보았습니다.

'왜 이 동네 사람들은 불의를 보고도 맞서지 않는 걸까?'

그 이유는 동네를 누가 쥐고 있는지 알기 때문입니다. 경찰도 아니고 정부도 아니고 교육제도도 아닙니다. 교회 또한 아닙니다. 이 동네를 쥐고 있는 자들은 불량배들입니다.

지금껏 설명한 사회제도는 낭패를 낳고, 이 낭패는 곧 증오와 영역 싸움과 살인과 온갖 이기주의를 불러일으킵니다. 미래가 보이지 않기 때문에 "지금 챙기자"라는 사고방식을 갖게 됩니다. 가진 것이 오늘뿐이기 때문입니다.

공립학교들은 도움이 안 되나요? 그들이 변화를 가져오지는 못하나요?

교실의 위기

미국의 교사들은 자신의 전공을 꼭 필요로 하는 학교에 배정되기를 간절히 소원하지만 현실은 그렇지 못합니다. 타임 지나 뉴스위크 지에 소개되는, 가난한 지역의 아이들을 격려하는 선생님에 대한 기사는 평범하지 않은 특별한 경우입니다.

나는 학생과 선생님, 학부모, 학교 관계자들과 함께 교실 안에서 벌어지고 있는 일들에 대해 수없이 얘기해 보았습니다. 내 결론은 많은 초등학교들이 교육을 가장한 채 그냥 아이들을 봐주고 있다는 것입니다. 어떤 학교는 아이들이 길거리에서 노는 것을 방지하기 위한 장소로 쓰일 뿐입니다. 듣기 좋지 않겠지만, 우리의 학교들은 이런 빈곤층의 아이들에게 사회생활을 준비시켜 주는 것을 거의 포기하고 있습니다. 대부분의 선생님들은 도시의 빈민층이 있는 학교에서 일하는 것을 꺼립니다.

많은 이들이 이렇게 말합니다.

"내가 여기에 있는 이유는 월급이 조금 더 낫기 때문이야."

돈을 많이 벌수록 더 좋은 집을 장만할 수 있습니다. 이런 가난한 동네에서 멀리 떨어진 곳에다 말입니다.

최근 내 버스에 타는 20여 명의 아이들에게 이런 질문을 했습니다.

"선생님이 너희에게 욕을 한 적이 있니?"

거의 모든 아이들이 손을 들었습니다.

선생님들의 답변은 어떨까요? 한 선생님은 이렇게 말했습니다.

"당신이라면 하루하루를 이런 무식한 애들과 꽉 막힌 감옥 같은 곳에서 보낼 수 있을 것 같습니까?"

이 어린이들에게 신나고 활기 넘치며, 특정한 기술과 자신감을 주는 교육과정을 선보인다면 어떤 변화가 나타날지 궁금합니다. 만일 공립학교들이 우리 메트로 주일학교와 같은 시간, 노력과 창의력을 동원하여 이 아이들을 교육한다면 어떻게 될까요? 공립학교 시스템이 우리의 사역보다 훨씬 크다는 것은 알지만 이 같은 원칙을 사용하면 좋은 결과를 맺을 수 있다고 생각합니다.

미국인들은 근본적인 해결책은 생각해 보려 하지 않고 오직 쉬운 방법을 찾는 데만 혈안이 되어 있습니다. 많은 사회학자들은 이제 학교가 변해야 한다고 말합니다. 그리고 아이들(특히 14살 미만의)에게 모범이 되는 훌륭한 어른들의 모습을 보여주는 것과 적극적인 교육만이 가장 큰 희망이라고 제시합니다.

나는 이 사실을 오래 전부터 알고 있었습니다.

굶주림의 요소

아이들의 건강을 지키기 위해 무엇이 필요한지도 자세히 들여다볼 필요가 있습니다. 빈민촌뿐만 아니라 온 나라 안에서 말입니다.

서부 버지니아 주의 한 교장 선생님이 말했습니다

"우리 학교 학생들의 4분의 1은 정부에서 주는 무료 급식 프로그램을 이용하고 있습니다. 하지만 실제로는 4분의 3이 이 프로그램을 이용해야 할 아이들입니다. 너무나도 많은 아이들이 창피해서 도움을 청하지 않고 있습니다. 그들은 가난을 숨기고 싶어 합니다."

통계에 따르면 다섯 명 중 한 명은 학교에 배고픈 채 옵니다. 미국에는 굶주림으로 죽는 아이들은 드문 대신에 만성 영양실조로 고생하는 아이들이 많습니다. 그래서 항상 피곤하고 힘이 없으며 집중하기도 힘들고, 아파서 학교를 빠지는 일이 잦습니다.

인도 콜카타로 선교를 간 마크 번테인 선교사님과 얘기한 적이 있습니다. 그가 처음 인도에 갔을 때 사람들이 그에게 물었다고 합니다.

"뱃속이 텅 비었는데 우리가 어떻게 복음을 들을 수 있습니까?"

이것이 사실입니다. 우리 주일학교에서도 며칠 동안 먹지 못한 아이들이 기절하는 사고가 여러 번 있었습니다. 많은 어린이들이 25센트 짜리 설탕물 음료와 감자칩 한 봉지로 하루를 견디고 있으니 어찌 보면 당연한 일입니다. 그래서 이 아이들은 햄버거 하나만 봐도 흥분하곤 합니다.

한번은 주일학교에서 전 주에 배운 성경 이야기를 가장 많이 기억하는 아이에게 현금을 상으로 주기로 했습니다. 한 여자아이가 "그 돈을 꼭 받고 싶어요."라고 말했습니다. 그 돈으로 무엇을 할 거냐고 묻자 이런 답이 돌아왔습니다.

"엄마를 위해 시장을 봐 드리고 싶어요."

우리는 매주 메트로교회에 오는 5만 명의 아이들 모두에게 음식을 줄 수는 없지만, 매우 가난한 가정에는 음식과 옷을 공급하는 프로그램을 개설하였습니다.

불가능한 일

부시윅에서 수 년을 살았으니 지금쯤 익숙해졌으리라고 생각하겠지만 그렇지 않습니다. 난방 없이 추운 겨울을 지내려면 차분해지려고 애써야 합니다.

누가 난방을 꺼 버렸냐고요?

아무도 끄지 않았습니다. 범인은 난방 시스템입니다. 그냥 작동을 안 합니다. 뉴욕 시의 시설들은 너무 오래되어서 툭하면 배수관이 터지고 하수구는 지하실로 스며듭니다. 증기 파이프와 보일러는 작동을 안 합니다. 그래도 수리할 돈이 없어 수리를 못 합니다.

맨해튼 동쪽에 자리잡은 많은 건물들은 처음 이민자들이 엘리스 섬에 도착했을 때와 달라진 것이 하나도 없습니다. 도시를 새로 조성한다는 말은 많이 있었습니다. 빈민가를 없애고 그 자리에 새로 고층 빌딩을 건축한다는 말도 있었습니다.

1960년대 중반에 이 일을 시도해 보았지만 성공적이지 못했습니다.

새로 지은 건물들은 2~3년 사이에 사람이 거주할 수 없을 만큼 변해 버렸습니다. 온통 낙서와 쓰레기로 덮이고 말았습니다. 벽돌은 떨어져 버리고 엘리베이터는 고장난 채 방치되었습니다. 고쳐졌다 하더라도 한번 타려면 목숨을 걸고 타야 합니다.

이곳을 처음 방문하는 사람들은 가끔 이런 질문을 합니다.

"왜 이 사람들은 이 도시를 떠나 오클라호마 주나 오리건 주 같은 곳에서 새롭게 시작하려 하지 않는 거죠?"

가난함 속에서 자라고 가난함 속에서 생존하는 방법을 찾은 이들에게 이주는 꿈에도 상상 못 할 얘기입니다. 브루클린에 살면서 강 건너에 있는 맨해튼조차 한번도 가 보지 못한 젊은이들이 많습니다. 그런데 어떻게 그들을 멤피스나 미니애폴리스로 가라고 설득할 수 있겠습니까?

많은 사람들은 환경의 영향을 받습니다. 환경은 그들이 보고 배운 것의 전부이기 때문입니다. 그래서 우리는 토요일 아침에는 그들의 시야를 넓혀 주려고 노력합니다. 그들에게 미래를 위한 여러 가지 선택 사항을 제시하곤 합니다.

빈민가는 항상 변화합니다. 무엇이 쉽게 올라가고 내려옵니다. 사업이 시작되고 또 금방 사라집니다. 오늘 이 아이의 집에 방문했는데 다음 주에는 새로운 가정이 그 집에 살고 있습니다. 한 달 후에는 그들마저 이사를 가 버립니다. 그들은 어디로 갈까요? 아마도 친척들과 끼여살거나 노숙자 쉼터로 갔을 것입니다.

이들의 심정을 이해해 보기 위해, 선생님 한 명과 3일 동안 그랜드 센트럴 역에서 살아 보았습니다. 잠은 지하철 화랑과 뉴욕 공립 도서

관 계단에서 번갈아 가며 잤습니다. 당시 기온은 15℃였습니다. 우리는 -지금은 우리의 친구가 된- 노숙자들과 얘기를 하려 노력했습니다.

그들의 이야기에는 공통점이 있었습니다.

"더 이상 견딜 수가 없었어요. 이 허무한 삶에서 빠져나와야 했어요. 뉴욕에 오기 전엔 알코올 중독자가 아니었는데 금방 알코올 중독자가 되었습니다."

1950년대와 1960년대의 딜레마가 처음 표면화됐을 때 사람들은 이 문제를 회피한 채 다루려 하지 않았습니다. 그 결과 지금 이 문제가 온 나라에 퍼지고 있습니다. '또 하나의 세대가 거리의 폭력에 빠졌다'라는 사회학자들과 크리스천 리더들의 글이 이제는 지겹습니다. 얼마나 더 많은 세대를 잃어야 우리는 눈을 뜰까요?

오아시스

한번은 우리 동네를 처음 방문한 사람이 내가 운전하는 버스에 탔습니다. 어느 거리를 지날 때 그가 말했습니다.

"저것 좀 보세요!"

그가 가리키는 것은 망가진 보도와 쓰레기로 덮인 골목길 사이에서 만난 색다른 풍경이었습니다. 한 블록 정도 되는 이 지역은 마치 사막 가운데에 자리잡은 오아시스 같았습니다. 집 앞면마다 깔끔히 페인트칠이 칠해져 있었습니다. 계단에는 화사한 꽃화분들이 자리를 잡고 있었고, 어떤 집에는 새파란 풀도 자라 있었습니다.

그가 물었습니다.

"어떻게 이렇게 다를 수가 있죠?"

나는 그에게 답하였습니다.

"그 이유는 간단합니다. 저 사람들은 자기 집을 소유하고 있기 때문이지요. 자기 집이니까 잘 간수하는 겁니다."

언젠가 복지시설과 임대 보조 프로그램들은 눈을 뜨게 될 것입니다. 이제 우리는 그 일을 납세자들의 세금을 의지해 공무원에게만 맡겨 놓지 말고 사람들에게 투자하기 시작해야 합니다.

지금처럼 돈을 그냥 나눠 주면서 사람들을 변화시키려 해서는 안 됩니다. 특히 도움을 받는 이들이 책임감을 갖지 못한다면 더더욱 그렇습니다. 사람들에게 도덕을 강요할 수는 없지만 재정을 정직하게 쓰도록 강요할 수는 있습니다. 우리 동네에서는 아이들이 슈퍼마켓에서 술과 담배를 쉽게 살 수 있습니다.

지금의 시스템은 자발성을 유도하지 못합니다. 이미 수천 명이 무너져 가는 건물에 내는 월세 400~500불도 벌지 못해 직장을 그만둡니다. 직장이 없는 이들에게는 정부에서 임대 보조금이 나오기 때문입니다. 직장을 다니는 사람들도 남는 것이 하나도 없습니다. 열심히 일하는 사람들이 일하지 않는 사람들보다 불리한 입장이 되지 않도록, 정부는 보조금을 더욱더 잘 분별하여 할당해야 할 것입니다. 자발성을 키우려면 정부에서 대가 없이 그냥 돈을 나눠 줘서는 안 됩니다.

우리는 사람들의 사고방식을 바꾸는 데 노력을 기울여야 합니다. 마음에서부터 변화가 생겨야 한다고 나는 생각합니다. 문제가 발생하기 전에 예방한다면 막대한 금액을 절약할 수 있다는 사실을 정부는 깨달아야 합니다. 예를 들어 청소년의 혼전 성관계 예방에 관한 6주간의 상담에 드는 비용은 약 500불 정도지만 정부가 20년 동안 미혼모의 아이를 보조하는 데 드는 비용은 5만 불입니다. 또 홍역 예방주사를 맞는 데는 약 8불밖에 들지 않지만, 홍역에 걸린 아이의 병원비는 5천 불이 넘습니다.

우리 사역은 예방을 위하여 세워졌습니다. 우리는, 주삿바늘이 이 아이들의 팔에 꽂히기 전에 술병이 입에 닿기 전에 그들에게 닿으려고 노력합니다.

임명

백악관에서 일하는 한 사람이 나에게 이런 말을 하였습니다.

"이길 수 없는 싸움을 하고 있다는 것 아시죠?"

내가 처음 워싱턴 D. C에서 미국 도시의 가정을 위한 국가 위원회에 참석했을 때 들은 말입니다.

1992년 1월, 부시 대통령은 이런 말을 했습니다.

"이제는 미국의 도시에서 가정이 회복될 수 있도록 대책을 세워야 합니다."

이 자리에는 달라스 시와 녹스빌 시의 시장을 비롯하여 8명이 모였습니다. 이중에서 실제로 도시의 빈민촌에 사는 사람은 나 하나뿐이었습니다. 위원장은 미주리 주의 신실한 크리스천인 존 에시크로프트 주지사였습니다. 위원회를 준비하는 과정에서 나는 상세한 질문서에

답해야 했고, 긴 인터뷰도 해야 했습니다. 그때 변호사가 물었습니다.

"체포된 적이 있습니까?"

나는 장난삼아 이렇게 답하였습니다.

"당연하죠. 자격이 있는 좋은 목사라면 한 번쯤은 체포되었지요."

그럼에도 불구하고 임명권은 순조롭게 통과되었습니다.

위원회 과제 중 하나는 1년 안에 보고서를 내는 것입니다. 한 조사원이 말했습니다.

"당신에게 일어난 일들에 대해서 들었어요. 1년 동안 살아 계실 수는 있을까요?"

그는 농담을 하는 것이 아니었습니다.

처음 미팅에서 왜 정부의 모든 일들이 느리게 처리되는지 알게 되었습니다. 우리의 첫 과제는 '도시의'라는 단어의 뜻을 정하는 것이었는데, 다섯 시간이 지나서야 다음 과제로 넘어갈 수 있었습니다.

위원회가 생겼다고 해서 황폐한 도시들이 금방 변화하지는 않겠지만, 그래도 정부가 도시에 있는 가정들에게 관심을 보이니 안심이 되었습니다. 하지만 브루클린에서는 이렇게 문제에 대하여 논의할 시간이 없었습니다. 실행에 옮기는 일이 너무나도 급하기 때문입니다.

거리 청소하기

메트로교회의 목표는 우리의 도시를 한 블록씩 되찾는 것입니다. 우리는 마약 거래자와 매춘부와 강도가 이 도시에서 사라지길 원합니다. 우리는 동네 지키기 프로그램을 통해 이런 일을 실행하려 힘쓰고 있으며, 다행히 잘 운영되고 있습니다.

이 프로그램에서는 먼저, 버스 타는 아이들이 가장 많이 모이는 위치가 어디인지 파악합니다. 그런 다음에 이들의 부모가 교회에 나가는지 알아봅니다. 만약에 교회를 다닌다면 우리는 그 블록에 '기도와 치유 그룹'을 만듭니다. 교회를 다니지 않는다면 이 그룹에 참여하도록 초대합니다. 이 그룹을 '집 펠로십'이라고 해도 되고 '셀 모임'이라고 해도 됩니다. 이들은 매주 한 성도의 집에 모여 예배와 기도를 드리고 성경공부를 합니다. 보통 15-20명 정도가 모여 방이나 부엌에서 예배를 드리는데, 자리가 모자랄 경우 바닥에 앉기도 합니다.

이 프로그램을 진행한 어느 봉사자는 이렇게 말했습니다.

"마약 암거래상과 중독자들이 다 없어진 건 아니지만, 그래도 상당한 변화가 일어났습니다."

선한 사람들이 협력하여 일할 때 무엇이 불가능하겠습니까. 우리는 그래서 이런 말을 할 수 있게 되었습니다.

"우리가 도시를 한 블록씩 되찾고 있습니다."

우리 교인 중 한 명은 하루 두 번씩 8명을 데리고 성경공부를 합니다. 8명은 모두 그의 아이들입니다. 그의 부인은 코카인 중독자이며 집에 있을 때가 없습니다. 그래서 그는 8명의 아이들을 혼자 키웁니다.

가구도 없고 바닥에는 깔개도 없습니다. 벽에서 벽까지 달랑 침대 매트리스 하나뿐이며 베개 커버도 없습니다. 매트리스 커버도 없습니다. 이 아버지는 벽에다 등을 기대고 아이들과 성경공부를 합니다. 그리고 아내가 돌아오길, 아이들은 어머니가 거리를 떠나 집으로 돌아오길 기도합니다. 우리 팀원들도 이 일을 돕고 있습니다.

예수님이 이 세상에 오신 이유는 바로 이런 가정을 위해서입니다.

작은 불꽃 하나가

타락한 자들 역시 사람입니다. 가장 낮은 사람일지라도 우리의 사랑과 예의와 박수를 받을 자격이 있습니다. 우리 동네에는 우리 프로그램을 방해하려 하는 사람들이 있습니다. 하지만 그래도 그들에게 동정과 사랑을 보이려 노력합니다.

이사야 선지자는 아래의 말씀으로 예수님의 인생을 예언했습니다.

> 상한 갈대를 꺾지 아니하며 꺼져 가는 심지를 끄지 아니하기를 심판하여 이길 때까지 하리니 마태복음 12:20

나는 한 점의 불꽃이나 한 가닥의 희망도 없는 사람은 이제껏 한번도 만나 보지 못했습니다. 모든 사람에게는 완전히 변화될 수 있는 가능성이 있습니다.

> 여호와께서 말씀하시되 오라 우리가 서로 변론하자 너희의 죄가 주홍 같을지라도 눈과 같이 희어질 것이요 진홍같이 붉을지라도 양털같이 희게 되리라 이사야 1:18

오래 전부터 즐겨 부른 패니 크로스비Fanny Crosby의 '저 죽어 가는 자 다 구원하고'라는 찬송이 있습니다. 그 찬송 속에는 이런 희망의 가사가 있습니다.

저 죽어 가는 자 다 구원하고
죄악과 무덤서 건져 내며
죄인을 위하여 늘 애통하며
예수의 공로로 구원하네

주 반대하는 자 불쌍히 여겨
참 회개할 때를 기다리네
열심을 다하여 인도해 보세
예수를 믿으면 다 살겠네

저 죽어 가는 자 구원해 내야
우리의 본분을 다하리니
예수의 구원을 전파할 때에
그 크신 능력을 다 주시네

〈후렴〉
저 죽어 가는 자 예수를 믿어 그 은혜 힘입어 다 살겠네

나는 아무도 좋아하지 않고 아무도 근처에 가기 꺼려하는 아이를

위해 간구합니다. 임신한 여자 아이를 위해 간구합니다. 죄 속에 빠진 남학생을 위해 간구합니다. 각각 다른 아비로부터 5명의 아이를 낳은 여자를 위해 간구합니다.

주님께서는 꺼져 가는 불이라도 끄지 않으실 것입니다. 누구든지 주님에게 쓰임받을 수 있기 때문입니다.

지금 이 땅에서 자라나고 있는 어린이 한 명 한 명은 하나님 손에 의해 완성될 조화로운 퀼트의 한 부분들입니다. 그렇기 때문에 우리는 이들을 포기할 여유도, 이유도 없습니다.

어둠을 저주하기보다는 촛불을 켜는 것이 낫습니다!

빌 윌슨 목사와 어린이들이
주일학교에서 영의 양식을 나눌 준비를 하고 있다.

주일학교를 찾는 어린이들은
영의 양식과 더불어 육의 양식도 맛있게 나눈다.

집에
가기 싫어요

치유 능력도 없는 기도를 지나치게 하는 동안 생기는
부당한 학대의 상처는 안타까운 일이다.
토마스 제퍼슨 (1762~1826, 미국 제3대 대통령)

 주일 2부 예배가 끝나고 아이들을 부시웍의 집으로 데려다 주고 있었습니다. 로드니의 집 앞에 도착했는데, 로드니가 버스 바닥을 내려다본 채 꼼짝도 안 하고 앉아 있었습니다.

"로드니, 일어나자. 집에 가야지."

그는 여전히 조금도 움직이려 하지 않고 있었습니다. 이상한 일이었습니다. 왜냐하면 로드니는 가장 수다를 많이 떠는 아이였고 버스 안에서도 이리저리 뛰어다니던 아이였기 때문입니다.

"왜 그래 로드니, 무슨 일 있니?"

나는 버스를 길가로 대고는 물어 보았습니다.

로드니는 아무 말도 하지 않았습니다. 나는 이 아이에게 특별한 관심이 필요하다는 것을 알았습니다. 이 아이가 조용하다는 것은 무엇인가 문제가 있다는 뜻이었기 때문입니다.

"내가 집까지 같이 가 줄까?"

나는 로드니의 손을 잡으면서 물었습니다.

로드니는 고개를 끄덕였습니다. 그리고 아파트 계단을 오르기 시작했습니다. 자신이 사는 층에 이르자 그는 마치 내 손을 놓기 싫다는 듯 더 꼭 잡았습니다. 계단 꼭대기에 앉자 로드니는 내 목에 팔을 두르고는 말했습니다.

"집에 가기 싫어요."

"왜? 왜 가기 싫어?"

로드니는 자기의 티셔츠를 들어올렸습니다. 배에는 '로드니'라는 글자가 칼로 새겨져 있었습니다. 난 이것이 로드니의 엄마와 같이 사는 남자가 한 짓임을 바로 알았습니다.

"집에 가기 싫어요."

로드니는 울기 시작했습니다.

"그래, 나랑 같이 가자."

그 침울한 계단에서 나는 내가 만 명 혹은 수만 명의 어린이를 위해 뉴욕에 온 것이 아님을 깨달았습니다. 나는 바로 이 아이 로드니를 위해서 이곳에 온 것입니다. '대중'이라는 단어가 있습니다. 이 단어가 의미하는 것에 대해 생각해 보아야 합니다. 대중은 한 개인 개인이 모여 이루어진 것입니다.

나는 로드니가 푸에르토리코에 계시는 할머니와 함께 살 수 있도록 조치를 취해 주었지만, 그 아이의 얼굴은 아직도 내 머리 속에 생생합니다. 로드니는 천 명 중의 한 아이입니다. 그러나 우리는 그 아이가 우리를 가장 필요로 할 때 그 아이와 함께 있어 주었습니다.

로웨나에게 일어난 변화

"지저분해."

로웨나가 딸 둘을 데리고 매주 메트로교회에 올 때마다 던졌던 말입니다. 그녀는 일단 교회 안으로 들어오고 나면 현관 앞을 얼쩡거리면서 우리의 사역을 비웃곤 했습니다.

로웨나는 매우 매력적인 젊은 여성이었지만 그녀의 행동은 그렇지 않았습니다. 약간 도발적으로 옷을 입고, 지나가는 사람에게 음란한 말을 던지기도 합니다. 만약에 음악이라도 있다면 길거리에서 춤이라도 출 것입니다.

우리 직원 중 하나가 그녀와 이야기를 하려 하면 위아래로 훑어보거나 아니면 교회를 저주하곤 했습니다.

"너희 요기 놈들, 지옥에나 가라."

당시 우리가 사용하던 요기 곰 캐릭터를 인용해서 하는 말이었습니다. 그녀의 삶에 주님이 계실 자리라곤 전혀 없어 보였습니다.

로웨나는 어린 시절 교회를 다닌 적이 있었지만 후에 하나님께로부터 등을 돌렸습니다. 그녀는 신체적 학대를 받으며 자랐습니다. 어릴 때는 집에서 엄마가 맞고 사는 것을 보고 자랐고, 그녀 자신도 두 명의 남자로부터 폭력을 당하면서 살아왔습니다. 그 두 남자는 바로 아이들의 아버지들입니다. 로웨나는 딸들과 함께 친정엄마 집에서 살고 있었습니다.

이런 로웨나에게 또다른 면이 있습니다. 그녀는 매우 지적인 여성으로, 한때 뉴욕 대학에서 간호학을 공부한 학생이었습니다. 성적은 상위 10% 안에 들었고, 더 공부할 수 있도록 장학금도 받은 터였습니다. 그녀의 할머니는 주님을 아는 분이었고, 그녀를 위해 계속 기도하고 계셨습니다. 로웨나는 자신의 두 딸에게는 미래가 있어야 한다고 생각했고, 그래서 주님의 교회에 데려왔던 것입니다.

우리 교회의 한 젊은 형제가 결국 높은 방어벽을 뚫고 그녀와 말을 나누게 되었습니다.

"저는 처음에 그분이 귀엽다고 생각했어요."

후에 로웨나가 그와 말을 하게 된 이유를 설명하면서 한 말입니다. 그는 그녀의 괴상한 행동을 묵인하였고, 그녀와 농담을 벌이지도 않았습니다. 대신 본인과 예수님과의 관계에 대해서 계속해서 이야기했습니다. 그러던 어느 일요일, 마침내 그녀는 예배에 참석하라는 그의 권유를 받아들였습니다.

그날 아침 나는 '당신만의 제단을 쌓으십시오'라는 제목의 말씀을 전했습니다. 나는 성도들에게 "당신 자신의 구원을 위하여 다른 사람의 신앙에 의지하지 말고 예수님만을 바라보십시오."라고 설교했습니다. 그 설교는 완전히 로웨나를 위한 것이었습니다. 왜냐하면 그녀는 교회를 위선자들의 집단이라고 믿고 있었기 때문입니다. 회심을 하였지만 옛 삶을 완전히 버리지 못하는 사람들을 많이 발견하곤 합니다. 로웨나는 그런 사람들을 '예수 사업'이 성공하지 않는 증거라고 보았습니다.

그 다음주 일요일, 많은 사람이 놀라는 일이 있었습니다. 그녀가 다시 교회에 온 것입니다. '구원과 결단에로의 초대' 시간에 로웨나는 강단 앞으로 달려가 하나님을 향해 울기 시작했습니다.

그녀의 마음은 완전히 변화되었습니다. 주님을 모독하던 말들이 축복의 말로 변했고, 조롱하는 말이 구원의 말로 변화되었습니다. 얼마나 놀라운 변화입니까? 교회의 관심이 갑자기 그녀에게 모아졌습니다. 그녀는 주일학교를 돕는 일에 자원하였고, 마침내 버스까지 운전하게 되었습니다.

로웨나와 두 딸에게는 이제 밝은 미래가 있습니다. 그녀는 사립병원 간호사라는 좋은 직업을 갖게 되었고, 크리스천 사역자인 새 남편과 함께 사역을 준비하기 위해 성경공부 과정에 등록하였습니다.

그녀는 최근 나에게 이렇게 말했습니다.

"교회가 없었다면 제가 어떻게 되었을까 생각만 해도 끔찍해요. 목사님이 항상 같이 있어 주셨습니다. 제가 필요한 순간에 같이 있어 주셔서 정말 고맙습니다."

엄마가 와요

시간이 지나면서 나는 오직 주님만이 해결하실 수 있는 상황을 직접 만나곤 합니다.

어느 날 밤, 천장을 보면서 한 가족을 떠올렸습니다. 이들은 '나의'

사람들입니다. 나는 아이들뿐만 아니라 그들의 부모님과도 가까이 지냈으며 그들의 어려움은 곧 나의 어려움이었습니다. 물론 쉽지 않고, 때로 나를 지치게 하는 일들이지만 그렇게 해야만 했습니다.

한 임대 주택에서 아주 위험한 마약 거래가 이루어졌습니다. 그 때문에 내가 아는 그 엄마는 1살짜리 딸만 데리고 푸에르토리코 산 후안으로 돌아가야 했고, 아들은 그후 이사온 친척들과 함께 살게 되었습니다. 그 아이는 내 버스를 타고 매주 주일학교에 나왔습니다.

거의 2년이 지난 어느 토요일 아침, 작은 소년이 내 버스로 와서는 문을 쾅쾅 두드렸습니다.

"목사님, 오세요. 우리 엄마가 다음 주에 오세요."

다시 엄마와 여동생을 만나게 되는 것입니다. 다시 가족이 모이게 되는 것이지요. 비록 허물어져 가는 임대 주택에서 서로 부대끼며 복잡하게 사는 것이어도 말입니다.

며칠 지나서 나는 다시 이 작은 소년을 보았습니다. 그런데 이번에는 시무룩한 얼굴이었습니다.

"무슨 일이 있니?"

내가 들은 것은 기쁜 소식이 아니었습니다. 부시윅으로 돌아온 엄마는 이곳에서 지켜야 하는 가장 기본적인 규칙 하나를 잊어버렸습니다. '아이들이 먹을 것을 가지고 잠자리에 들게 하지 말라.'는 규칙입니다.

어느 날 저녁 그녀는 그 생각을 못 하고, 작은딸이 과자를 가지고 잠자리로 가는 것을 그냥 내버려 두었습니다. 그리고 아주 잠시 동안 집을 나갔다가 돌아왔는데 이미 비극은 벌어진 뒤였습니다.

아이는 과자를 입에 문 채 잠이 들었고, 쥐가 아이에게로 기어올라가 과자뿐만 아니라 딸 아이의 아랫입술까지 먹어 버린 것입니다.

나는 즉시 그 집으로 가서 최선을 다해 엄마와 작은딸을 위로하였습니다. 그녀는 더듬는 영어로 말했습니다.

"우리에게 관심을 갖는 사람은 아무도 없어요."

아들은 하나님께서는 왜 이런 일을 우리에게 생기게 하셨느냐고 물었습니다.

그녀는 어찌해야 할 바를 몰랐습니다. 의료 보험도 없었고, 남편은 집을 나간 지 수 년이 되었습니다. 더욱 슬픈 것은, 이런 이야기는 뉴욕에서 매일 수십만 번이나 되풀이되는 일 중 하나라는 사실입니다. 나는 그런 이들에게 대답을 주려고 노력해 왔습니다.

우리는 이 작은 여자아이를 위해 응급 의료 도움을 요청해 보려고 했지만 그것으로 충분할 것 같지도 않았고, 또 그것조차 쉽게 되지 않았습니다.

슬프게도, 수많은 사람들이 매일 이런 큰 고통과 비극을 겪음에도 불구하고 도움을 청할 곳조차 없습니다. 이 세상에는 오직 그리스도만이 해결하실 수 있는 문제들이 있습니다. 누군가가 그곳에 서서 주님의 사랑을 가르쳐 주어야 합니다.

미구엘의 기도

최근에 펜실베이니아의 크리스천 교육 콘퍼런스에서 강의를 하였습니다. 강의 후에 한 분이 내게 와서 물었습니다.

"빌 목사님, 고아원을 하시거나 아이들을 입양하실 생각은 안 해 보셨습니까?"

이 질문을 받자마자 미구엘이 떠올랐습니다. 그는 8살 때 그리스도를 구주로 영접했는데 그때는 그 결정이 자신의 인생에 얼마나 큰 영향을 미치게 될지 전혀 알지 못했습니다.

슬프게도 그후 6개월도 안 되어서 미구엘은 부모님을 다 잃었습니다. 11월에는 엄마가 당뇨로 돌아가셨고, 얼마 지나지 않은 크리스마스 1주 전에는 아버지가 창녀를 죽였다는 죄목으로 감옥에 수감되었습니다.

그후 미구엘은 한 가족에 양자로 입양이 되었는데 불행히도 그 양아버지는 알코올 중독자였고 누나는 마약을 사기 위해 미구엘의 소지품을 훔쳐갔습니다. 시간이 지나면서 나는 미구엘이 매일 교회 주변을 맴도는 것을 볼 수 있었습니다. 그는 교회를 떠나기 싫어하는 듯이 보였습니다.

"너 이곳이 좋구나, 그렇지?"

내가 물었습니다.

"제가 더 크면 여기서 살면서 주일학교를 돕고 싶어요."

결국 미구엘의 기도는 응답되었습니다. 우리 교사 중에 한 젊은 부부가 미구엘의 양부모가 되어 주었고, 미구엘은 우리 교회의 한 일원이 되었습니다.

대니 안아주기

우리가 만나는 수백 명의 아이들은 사랑이 결핍된 가정에서 태어나고 자라납니다. 대니도 그중 한 아이였습니다. 대니가 3살 때의 일입니다. 어느 날 아침, 대니는 다리를 밖으로 내놓고 침대에 앉아 울고 있었습니다. 아이 우는 소리에 화가 치밀어오른 엄마는 침대 한쪽을 잡고 확 둘러엎었습니다. 그 일로 대니의 작은 두 다리는 부러졌습니다.

신체적 학대는 여기서 그치지 않았습니다. 의사들은 그의 경미한 뇌성마비 증세도 머리에 입은 심한 타격 때문이라고 합니다. 11살이 되었을 때 대니는 혼자 어떻게 해 보려고 집에서 도망나와 이틀을 지하철을 타고 다녔습니다. 지치고 쓰러져서 다시 집으로 돌아왔을 때 엄마는 각목을 들고 그를 기다리고 있었습니다. 학교 관계자들은 그의 멍자국을 보고 즉각 사회 복지사들을 집으로 보냈지만, 엄마는 대니를 더욱 심하게 때리고 협박하여 거짓말을 하게 했습니다.

그러던 때에 메트로 교사가 그의 아파트 문을 두드렸고, 그에게 주일학교 버스에 타라고 이야기해 주었습니다. 교사는 "예수님이 널 사랑한단다. 그리고 나도 너를 사랑해!"라고 말해 주며 대니를 꼬옥 안아 주었습니다. 대니는 누가 안아 주는 것이 익숙하지 않았지만 주일학교에 나오기로 결심했습니다.

"그 선생님이 저에게 사랑한다고 말해 주셨어요. 제게는 가장 필요한 것이었어요."

대니는 점차 교회에서 낯익은 얼굴이 되어 갔습니다.

대니가 13살이 되었을 때 버스 사역자 중 한 사람이 그에게 버스 조

수가 되어 보겠느냐고 물었습니다. 그러자 그의 부모님은 예전에도 수 없이 그랬듯이 버스 조수가 되면 집에서 내쫓아 버리겠다고 협박하였습니다. 하지만 대니는 이를 두려워하지 않았을 뿐 아니라 작은 여동생까지 주일학교에 데려왔고, 동생도 예수님을 영접했습니다.

대니와 같은 동네에 사는 소년들 중 반 이상은 지금 감옥에 있거나 강도가 되었습니다. 하지만 대니는 그런 길로 빠지지 않았습니다. 그는 지금 "제 목표는 전임 사역자가 되는 것입니다."라고 말하며 사이드워크 주일학교 교사들과 사역하고 있습니다.

이제 대니는 "예수님이 이 모든 것을 변화시키셨습니다."라고 고백하며 엄마와의 건강한 관계를 회복하기 위해 열심히 노력하고 있습니다.

나는 수 년 동안 크리스천들에게서 "어린이들에게 복음을 전하기가 너무도 어려워지고 있다."는 말을 들어 왔습니다. 맞는 말입니다. 하지만 세월을 지내며 거듭 깨닫는 것은 어린이들은 긍정적으로 모든 것을 받아들일 뿐만 아니라 무엇보다도 사랑의 관계를 통해서 쉽게 다가갈 수 있다는 것입니다.

열정이 지나친 사역자들 중에 "예수 믿으세요."라는 말을 너무 빨리 하는 경우가 많습니다. 그리고 거절당하면 이해를 못 합니다. 어린이들은 우리의 사랑과 관심의 표현을 통해서 예수님을 '보고자' 합니다. 우리의 사랑과 관심을 필요로 하는 것입니다.

한 버스 사역자가 대니를 꼭 안아 주지 않았다면, 매주 그의 집을 방문하지 않았다면, 대니가 그들의 이야기를 듣지 않았다면, 그리고 그 말에 반응하지 않았다면 대니의 인생은 어떻게 되었을까요?

가치 있는 일입니까?

부시윅과 뉴욕 시의 빈민가에서 일어나고 있는 일들을 주의깊게 들여다본다면, 우리 교회 선생님들이 단순히 재미있는 게임을 만들어 내거나 일주일에 하루 주일학교를 운영하는 것 이상의 일을 하고 있다는 것을 알게 될 것입니다.

우리는 수만 명의 어린이들의 집을 매주 찾아갑니다. 매주, 하루도 빠지지 않고 합니다. 주님이 이끄시며 성령이 우리의 마음을 움직이시기에 가능한 일입니다. 비가 와도 해가 떠도 눈이 내려도 몸이 아파도 심방을 합니다. 우리의 좌우명은 '아플 때는 방문하지 않는다'가 아니라 '아플 때는 기어서 간다'입니다. 이렇게 하는 데서 진정한 부흥이 일어납니다.

심방을 하는 동안 우리는 아이들의 영양 상태나 의복, 환경 등을 유심히 관찰합니다. 위험에 처한 아이를 발견하면 즉각적인 도움을 줄 수 있도록 최선을 다합니다. 전국에 있는 교회와 개인이 그 긴급한 필요를 채우기 위하여 음식과 의복으로 후원하고 있습니다. 또한 우리는 어린이 후원 프로그램인 '한번에 한 명씩 구하기'를 통하여, 점점 더 늘어나는 위험에 처한 어린이들의 미래를 밝혀 줄 수 있게 되었습니다. 우리가 이 일을 할 수 있었던 것은 전국에 퍼져 있는 후원자들의 도움 덕분이며, 이로 인해 우리는 어린이들의 삶에 더 많은 희망을 가져다줄 수 있게 되었습니다.

메트로 주일학교의 많은 사례들은 그저 정부에서 만든 빈곤 보고서 속 통계가 아닙니다. 그것은 우리가 잊어버려서는 안 되는 이름과 얼굴이며, 소중한 어린이들의 인생입니다.

제럴드는 근심이 가득한 얼굴을 하고 매주 주일학교에 왔습니다. 어느 날 그가 버스 팀장에게 말했습니다.

"팀장님, 제 형이 몇 주 동안 집에 오지 않았어요. 무슨 일이 있는 것 같아요."

며칠 후 그 버스 팀장은 제럴드의 형이 길거리에서 죽은 채로 발견되었다는 것을 알게 되었습니다. 마약 과다 복용이 원인이었습니다.

캐디는 매주 버스를 탔습니다. 어느 날부터인가 캐디는 버스 팀장을 집 안으로 들어오지 못하게 했습니다. 엄마가 창피해서였습니다. 그러던 어느 날 버스 팀장이 캐디를 방문했는데 그녀는 집에 없었습니다. 친척집으로 보내진 것입니다. 그녀의 엄마는 아파트를 매춘부 집으로 운영하다가 체포되었습니다.

패트릭의 아빠는 일급 살인으로 감옥에 있습니다. 이사벨의 엄마는 마약중독으로 정신병원에 있습니다.

킴은 이마에 지울 수 없는 상처가 있습니다. 5살 때 심한 신체적 학대를 받았기 때문입니다.

타마라의 형은 척추에 총알이 박혀 평생을 기구에 의존해서 살아야 합니다. 마르다와 오웬 남매는 부모에게 버림을 받고 주립시설에서 보호를 받고 있습니다.

사람들이 나에게 묻습니다.

"이 사역이 가치가 있는 일입니까?"

다른 세상

도시 빈민가의 주일학교 수는 다른 지역에 비해 상대적으로 적은 편입니다. 그 이유는 간단합니다. 어렵고, 땀 흘려야 하고, 지저분한 곳에서 해야 하는 일이기 때문입니다. 우리가 싸워야 하는 상대는 쥐와 아이들 머릿니, 그리고 쌓여 오는 피로와 각종 폭력입니다. 말할 필요도 없이 달라스나 교외에 있는 기독교 교육장으로 부름을 받는 것이 매일매일 빈민가의 긴장과 대면하는 일보다 훨씬 쉽습니다.

아이들을 태워 오는 트럭이 있습니다. 이 트럭은 목요일 금요일 오후면 아이들로 가득 찹니다. 어느 날 한 남자가 아파트 꼭대기에서 콘크리트 조각을 던져서 트럭의 한쪽을 부숴뜨렸습니다. 한 발짝만 더 가까웠으면 함께 타고 있던 버스 팀장이 생명을 잃을 뻔했습니다. 일반 교회가 직면하지 않는 이런 일들이 우리에게는 생깁니다.

뉴욕에서는 폭력배가 하루가 다르게 증가하고 있습니다. 아이들과 교사들은 강도와 마약을 일삼는 아시아 갱단의 위협도 감수해야 합니다. 브루클린과 브롱스의 아이들은 아무도 믿지 않습니다. 폭력배의 증가에 따라 이 같은 불신감에 공포감까지 더해졌습니다.

한 청년이 나에게 와서 한 말입니다.

"저는 여자도 남자도 아무도 믿지 않아요. 언젠가 그들 중 하나가 제 등을 칼로 찌를 거예요."

브루클린, 사우스 브롱스, 할렘, 그리고 다른 지역에 있는 고통받는 어린이들은 함께 어울려 다니긴 하지만, 서로 믿어야 하는 조직을 만들지는 않습니다.

우리가 사역하고 있는 지역은 그들만의 독특한 문화를 가지고 있습니다. 예를 들어 중국인 거주 지역에서 매주 여는 사이드워크 주일학교는 이 지역 사람들이 경험하지 못했던 최고의 전도 사역입니다. 이 예배에는 약 300명이 참석을 하는데 이곳에서는 아이들만 주일학교에 보내는 것이 아니라 많은 어른들이 함께 옵니다. 중국 사람들이 갖고 있는 가족간의 강한 유대감을 보여주는 것입니다. 이 지역 담당 사역자들은 중국을 잘 아는 선교단체 출신들로 구성되어 있고, 우리는 중국어로 소책자를 만들어 전도용으로 사용하고 있습니다.

문화에 흡수됨

우리는 매해 피닉스에서 열리는 '전국 도시 빈민가사역 워크샵'을 후원합니다. 그곳에서 나는 최근 도시 빈민가에서의 생활과 사역에 대한 깊은 관심을 나누었습니다. 나는 그들에게 "긴장을 늦추지 마십시오. 주의하지 않으면 그들을 변화시키는 것이 아니라 당신이 그들처럼 변하게 됩니다."라고 말합니다.

말할 필요도 없이 사역자는 그 지역 사람들과 관계를 맺는 것이 필수적입니다. 그들의 집에 찾아가 함께 시간을 보내기도 하고, 그들에게 닥친 생존을 위한 매일의 투쟁에 동참합니다. 문제는 그 사역을 하는 동안 헌신적이고 사랑이 많던 사역자들이 빈민가 문화의 정신 체계에 동화되어 가면서 처음 가졌던 비전을 잃어버리는 경우가 있다는 사실입니다.

"아무도 날 도와주지 않습니다. 나는 아무 일도 할 수 없는 사람이에요. 미래는 절망뿐입니다."

이것이 비전을 잃어버린 사역자들이 하는 말입니다.

하나님과의 지속적인 교제를 통해 비전을 회복하고 내 영을 새롭게 하는 것이 우선입니다. 이를 게을리하면서 사역을 위한 열정과 열심을 낸다면 그건 참으로 어리석은 일일 것입니다. 또한 이런 상태에서 직원들에게 영감을 부여하고, 후원금을 모금하는 일은 아마도 불가능할 것입니다.

어떤 날은 이렇게 늘 '이방인'이어야 하는 환경 속에서 사는 것에 과연 내가 익숙해질 수 있을까 하는 생각이 들 때도 있습니다. 나는 백인입니다. 여기에서 아무리 오랫동안 산다고 해도 나는 이곳 사람들에게 항상 이방인일 뿐입니다.

어느 날 저녁 한 가족이 저녁식사에 나를 초대하였습니다. 물론 나는 흔쾌히 초대에 응했습니다. 부엌에서 나오는 냄새를 맡고는 생각했습니다. 이건 밥하고 콩, 아니면 콩하고 밥! 그런데 그날 저녁은 생각했던 것보다 훨씬 더 훌륭했습니다.

돼지고기 볶음과 으깬 감자!

식사를 한참 하고 있는데 으깬 감자에서 무언가 기어나오는 것이 보였습니다. 큰 바퀴벌레가 그릇에서 나오더니 테이블 가장자리로 기어갔습니다.

누군가가 아무렇지도 않게 말했습니다.

"걱정 마세요 목사님, 바퀴벌레는 음식을 조금밖에 안 먹어요."

대화는 이어졌습니다. 누구도 이 뜻밖의 손님에 대해 조금도 신경을 쓰지 않는 듯했습니다. 잠시 후 아이 어머니가 나에게 그릇을 건네며 말했습니다.

"목사님, 조금 더 드세요."

"아, 네, 괜찮습니다. 정말로 많이 먹었습니다."

얼마 전 가이드포스트 지의 한 기자가 전화를 걸어 왔습니다. 우리 교회가 '올해의 교회'로 선정되었다며 관련 기사를 준비하고 있다는 내용이었습니다. 그녀가 물었습니다.

"목사님은 지금 하시는 일을 앞으로 얼마나 더 하실 수 있으실 것 같습니까?"

그런 종류의 질문에 더 이상 대답할 말이 없습니다. 예전에는 모든 질문에 대답을 하곤 했습니다. 그러나 지금은 그런 질문을 '받는 것' 조차 싫습니다.

낙담한 적이 있냐구요? 예, 있습니다. 이 사역이 너무 힘들다고 느끼는 적도 있냐구요? 네, 물론입니다. 하지만 그때마다 나를 다시 한 번 생각하게 하는 무슨 일인가가 생깁니다.

퍼레이드 지에 메트로교회에 관한 특별 기사가 실린 뒤, 한 유명한 육상 선수 부인이 나에게 손으로 직접 쓴 편지를 보내 왔습니다. 거기에는 이렇게 적혀 있었습니다.

"우리는 귀한 아들을 마약 때문에 잃었습니다. 목사님께서 이런 아이들을 위해 크나큰 수고를 해 주심에 감사드립니다."

새로운 세대

어느 금요일 오후, 아파트 계단을 오르내리며 내 버스에 타는 아이들을 일일이 심방하고 사무실로 돌아왔을 때 나는 완전히 녹초가 되어 있었습니다. 작은 소리가 내 안에서 "정말 정말 피곤하다."라고 말하고 있었습니다. 내 스케줄은 모든 사람이 다 압니다. 그래서 직원들 사이에서는 '빌 목사님 앞에서는 감히 피곤하다는 말을 하지 말라'는 농담이 있습니다.

사무실 문을 열고 들어가다가 문득 멈춰서서 주위를 둘러보았습니다. 매주 저와 함께 일하는 도우미와 자원봉사자들의 모습이 보였습니다. 그 순간 나는 그들이 누구인지 깨닫게 되었습니다. 우리의 주일학교 교육을 받고 자라난 십대들이었습니다. 나는 아직도 이들이 어린이였을 때를 기억합니다. 이제 그들은 그들의 삶을 변화시킨 그 주일학교 프로그램의 책임을 떠맡고 있습니다. 리더가 되어가고 있는 것입니다. 새로운 세대를 향해 나아가고 있는 것입니다.

한쪽에서 마리아가 심방 보고서를 작성하고 있었습니다. 7살인가 8살 때쯤 그녀는 부시윅에 있는 주일학교에 참석했습니다. 지금은 고등학교를 졸업하고 깅스보로대학 입학을 준비하고 있습니다.

나는 미국 전 지역을 여행하면서 똑똑하고 예리한 젊은 사람들을 자주 만납니다. 마리아도 예외는 아닙니다. 나는 그녀가 미니애폴리스 혹은 멤피스 같은 교외 지역에 사는 십대들에게 전혀 뒤지지 않는다고 생각합니다. 그러나 대부분의 사람들은 가정 안에서 그녀의 삶이 어떠했는지 이해하기 힘들 것입니다.

그녀의 집은 메트로교회 아주 가까이에 있습니다. 마리아의 엄마는 알코올 중독에 주님을 위한 시간은 전혀 없었고, 그녀의 아버지는 마약 거래로 체포되어 있었습니다. 나는 그 아버지가 부시윅 거리 구석에서 잘못된 사람들과 어울려 지내는 것을 매주 보았습니다. 어떤 사람들은 그런 환경 속에서 도망을 칠 것입니다. 그러나 마리아는 그렇게 하지 않았습니다.

"제가 왜 다른 곳으로 가요?"

최근 그녀가 나에게 한 말입니다.

"메트로교회만큼 저를 아껴 주는 곳은 없습니다. 목사님은 저의 아버지 같은 분이세요."

그녀는 모든 사역에 전심으로 참여하고 있습니다. 사이드워크 주일학교, 교사, 사무실 업무, 심방, 그리고 버스 사역자들 돕기까지.

다른 많은 사람들처럼 마리아도 부시윅을 떠날 생각이 없습니다.

"집에 두 동생이 있습니다. 누가 그들을 돌보겠어요?"

그녀가 이곳을 떠나지 않는 이유입니다.

최근 나는 아이들이 메트로 주일학교를 좋아하는 이유를 손으로 쓴 글들을 읽어 보았습니다. 여기 그중 몇 가지를 소개합니다.

"저의 버스 팀장님 카렌은 우리가 버스에 오를 때마다 우리에게 뽀뽀를 해 주세요. 우리 모두를 사랑하세요. 저는 주일학교가 좋아요. 선생님들이 하나님에 대해 가르쳐 주시고 훔치지 말고 죄짓지 말고 살라고 말씀해 주세요."

―마키샤

"나는 주일학교가 좋아요. 게임 같은 것도 하고 하나님에 대해서도 가르쳐 주어요. 나는 주일학교에 있는 사람들이 좋아요. 우리를 아껴 주는 버스 팀장님도 좋아요."
—저스틴

"나는 토요일마다 아침 일찍 일어나서 버스를 기다려요. 버스 안에서 우리는 큰 소리로 노래를 불러요. 토요일은 한 주 동안에 단 하루 아주 기쁜 날입니다. 감사해요."
—에디

"주일학교는 제게 너무 소중해요. 예수님께 어떻게 기도하는지 가르쳐 주셨어요. 그리고 죄를 멀리하는 것도 배웠어요. 주일학교는 우리 가족들도 도와주었어요. 우리 엄마, 할머니도 매일 기도하세요."
—리마

생일 축하해요

몇 주 전 주일학교 책임자인 크리스 블레이크가 자신의 버스에 타는 아이가 준 낡은 비닐봉투를 가져왔습니다. 그 아이는 크리스에게 이렇게 말했다고 합니다.

"저기, 이거 노숙자에게 전해 주세요."

그 봉투는 낡은 옷 몇 벌과 닳아빠진 장난감으로 가득 차 있었습니다.

"집이 없으면 입을 옷도 없을 거예요. 그리고 그 애들은 아마 가지고 놀 장난감도 없을 것 같아서요."

이 작은 아이는 크리스의 버스에 타는 아이들 중 가장 가난한 아이였습니다.

이런 아이들이 바로 버스를 운전하는 우리에게 커다란 기쁨입니다.

내 생일날은 내 버스에 타는 작은 아이가 카드를 주었습니다. 한 번 썼던 카드였는지, 끝은 해어져 있고 접혀 있고 얼룩도 있었습니다. 누군가의 이름이 지워져 있었고 그 위에 제 이름이 쓰여 있었습니다. 겉봉투에는 '생일 축하해, 이제 3살이야!'라고 쓰여 있었습니다.

그러나 안에는 이렇게 쓰여 있었습니다.

"빌 목사님, 사랑해요. 생일 축하해요."

이보다 더 좋은 생일 선물은 없을 것입니다.

메트로교회 설립자인 빌 윌슨 목사와 이웃 어린이들

심방의
위력

> 만약 우리가 익숙하고 편안한 지금의 생활에서 벗어나 다른 사람의 삶,
> 혹은 낯선 세상으로 들어가게 된다면 꽤나 불편할 것이다.
> 그러나 우리가 이렇게 하지 않는다면
> 우리는 모든 사람들이 우리와 비슷할 거라 생각하기 시작할 것이다.
> 빌 윌슨

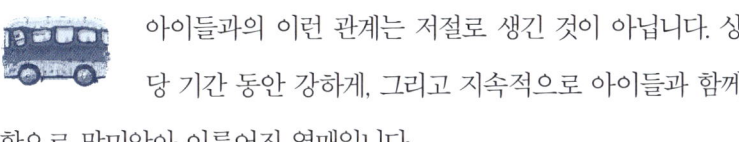아이들과의 이런 관계는 저절로 생긴 것이 아닙니다. 상당 기간 동안 강하게, 그리고 지속적으로 아이들과 함께 함으로 말미암아 이루어진 열매입니다.

이런 관계는 심방을 통해서만 형성됩니다. 심방은 말 그대로 전체 사역의 기초가 되었습니다. 내가 같은 말을 되풀이하는 것처럼 들릴지 모르겠지만 실제로 그렇습니다.

한국 전쟁 때의 일입니다. 미국에 있는 한 쌍의 남녀가 약혼을 하였습니다. 한국으로의 파병을 위한 군인 모집이 그들 계획을 방해하게 되었습니다. 남편 될 사람이 군대로 소집되었고, 미래의 신부는 약혼자가 배를 타고 떠나는 모습을 보며 눈물 흘려야 했습니다. 가슴 아픈

작별을 하면서 젊은 군인은 "매일 편지하겠다. 돌아오자마자 결혼하자." 약속하였습니다. 그리고 사랑한다는 말을 남기고 떠났습니다.

약속을 지키기 위해 그는 365장의 엽서를 사서 우표를 붙여 놓고 이것을 보관할 특별한 케이스도 샀습니다. 그는 하루도 거르지 않고 엽서를 썼습니다. 엽서는 매일매일 아주 정확하게 이 여인의 집으로 도착하였습니다. 물론 엽서 한 장 한 장마다 달콤한 사랑과 애정이 담겨 있었습니다.

그해 말 이 젊은 여성은 결혼하였습니다. 상대는 엽서를 보낸 군인이 아닌 매일 그 엽서를 전해 주었던 우편 배달부였습니다. 그녀를 감동시킨 것은 엽서가 아니라 바로 매일 그녀를 방문한 사람이었던 것입니다.

높은 출석률의 비밀

우리 주일학교에 매주 출석하는 아이들의 숫자가 전세계 평균 7만 5천 명에 달합니다. 그것도 12살 이하의 학생들만 센 숫자입니다. 그렇게 많은 어린이들이 오는 이유가 무엇일까요? 150명 이상의 전임 사역자와 3백 명 이상의 교사(자원봉사자)가 매주 7만 5천 명의 아이들을 심방합니다.

내가 이 숫자를 얘기하면 사람들은 내가 거짓말을 한다고 생각하거나 우리를 무슨 슈퍼맨으로 생각합니다. 물론 둘 다 아닙니다. 나는 이 높은 출석률의 비밀은 교회의 어떤 프로그램보다도 심방에 있다고 믿으며, 이 일을 위해서는 어떠한 대가도 기꺼이 치를 각오가 되어 있습니다.

나는 대부분의 교회에서 심방 프로그램이 부족한 것을 정당화할 만한 이유는 없다고 확신합니다. 현대의 복음 전도자로서 우리는 어떤 일을 할 때 거기에 충분히 시간을 투자하였다면 잘한 것이라고 정당성을 부여합니다. 그러나 신약 시대 크리스천들은 매일같이 이 집에서 저 집으로 찾아다녔습니다. 나는 아직도 우리가 밖으로 나가서 사람들을 교회로 오게 해야 한다고 믿습니다. '오게 해야 한다'라는 말은 '어떻게든' 방법을 제공해야 한다는 뜻입니다.

현장에 지속적으로 있지 않는 한, 나는 오늘날 이 세상에서 한 세대를 그리스도의 영향력 안으로 이끌 수 있는 그 어떠한 관계도 형성해 가기 어렵다고 믿습니다. 그리고 그것이 바로 뉴욕에서 우리가 지금 노력하고 있는 것입니다.

그렇다면 지속적인 심방 프로그램이 왜 효과가 있을까요?

1. 심방은 사람들(전임 사역자와 자원봉사자)로 하여금 다른 사람의 삶 속에 들어가게 합니다.

현대 사회의 특성상, 평범한 계층의 크리스천들은 자기 가족이 아닌 다른 이의 삶 속에 관여하려는 노력을 거의 하지 않습니다. 스스로의 세계에 갇혀 몇 달이고 사는 것이 훨씬 편합니다. 우리의 삶은 가족, 직장, 여가시간 그리고 개인적 만족이라는 틀 안에서 돌아가고 있습니다. 만약 우리가 익숙하고 편안한 지금의 생활에서 벗어나 다른 사람의 삶 – 혹은 낯선 세상 – 으로 들어가게 된다면 꽤나 불편할 것입니다.

우리가 있던 자리에서 다른 곳으로 옮겨가는 것은 때때로 익숙하지 않은 또다른 사회 계층으로 들어가는 것이기도 합니다. 수많은 이유 때문에 우리는 편하게 느끼는 사람들과 어울리는 것이 훨씬 쉽습니다. 그래서 우리와 비슷한 사람들과 친구를 하며, 그들과만 어울려 지내고 싶어 합니다. 슬프게도 우리는 사람들이 다 우리와 비슷할 거라는 생각을 합니다. 뭔가 완전히 특이한 상황이 생기기 전에는.

'현실 속으로 들어가기'란 바로 지금 우리가 뉴욕에서 매주 하고 있는 일 그 자체입니다. 설명할 수 없을 만큼 복잡한 문제로 가득한 도시 빈민가의 현실이 우리를 현실적이 되지 않고는 못 배기게 만듭니다. 대부분의 크리스천들이 한 번도 대해 보지 못한 사건과 도전에 직면하게 합니다.

신학적 논리를 믿는 것은 쉬운 일이며 절대 도전이 되지 않습니다. 솔직히 말하면 이미 도전을 받았고 모든 테스트에서 승리해 놓은 신학적 이론을 믿는 것이 쉽습니다. 훨씬 쉽습니다.

마저리 윌리엄스의 동화 〈헝겊 토끼의 눈물〉에 보면, 수 년 동안 장난감 박스에 있었던 늙고 빼빼 마른 말이 새로 온 헝겊 토끼에게 진실에 관해 이야기해 줍니다.

어느 날 토끼가 물었습니다.

"진실이란 게 뭐예요? 내 안에서 시끄럽게 움직이는 무엇인가가 있고, 그것을 움직이는 막대기가 진실이에요?"

"진실은 네가 어떻게 만들어졌는가가 아니란다."

늙은 말이 대답합니다.

"그것보다는 너 스스로에게 일어나는 그 어떤 것이지. 얘야, 만약

한 아이가 너를 오랫동안, 아주 오랫동안 사랑한다면 말이다, 그건 단지 너와 노는 것이 아니고, 진실로 너를 사랑한다면 말이다, 너는 진실 그 자체가 되어 버리는 것이란다. 네가 진실이 되는 순간 너의 머리가 없어지고 네 눈도 없어지고 네 무릎에 힘이 없어져서 아주 초라한 모습이 되는 거야. 하지만 설사 그렇게 된다 해도 문제가 안 된단다. 왜냐하면 네가 일단 진실이 되면 넌 더 이상 못생긴 것이 아니란다. 너를 이해하지 않는 사람들을 제외하고 말이지."

동화 속에 나오는 이 대화는 상상의 산물일 뿐이지만, 이 안에는 오늘날 사람들이 찾아다니는 진리가 담겨 있습니다. 교외에 살든 빈민가에 살든 사람들은 모두 진리인 누군가를 찾고 있습니다. 사람들은 모든 대답을 다 알고 있는 척하는 사람을 필요로 하는 것이 아니라 상처 – 정신적, 육체적, 감정적 – 받을 위험을 안고 누군가의 삶 속으로 들어가서 자기 자신을 내어줄 수 있을 만큼 기꺼이 연약한 자가 되길 원하는 사람을 필요로 합니다. 이것이 지속적으로 이루어질 때 주는 사람과 받는 사람 모두에게 무엇인가가 일어나는 것입니다.

2. 심방은 일대일 관계를 맺게 해 줍니다.

보통 교회의 일주일 스케줄을 보면 실세 사역 시간은 매우 세한직입니다. 셀 그룹의 장점 중 하나는 대규모 회중 환경에서 벗어나 작은 그룹에서 친밀한 교제를 할 수 있다는 점입니다. 심방은 이와 같은 일을 합니다.

매주 금요일 나는 내 버스에 타는 아이들을 심방하는 데 서너 시간을 보냅니다. 내 버스에 타는 아이들은 내가 심방하는 것을 간절히 기다립니다. 이것이 그들이 가질 수 있는 한 주간 동안의 최고의 시간이기 때문입니다. 이것은 또한 우리 사역의 하이라이트이기도 합니다.

그렇습니다. 나에게는 설교를 준비하고 가르치는 것이 중요합니다. 물론 설교의 내용도 중요하고 많은 어린이들에게 한 번에 말씀을 전할 수 있는 조직도 중요합니다. 하지만 이 모든 것이 완벽히 준비되었다 하더라도 아이들이 나를 좋아하지 않는다면 내 설교를 듣지도 않을 것입니다. 바로 이것이 많은 크리스천 리더들이 이해하기 가장 힘들어하는 부분입니다.

나는 120명의 빈민가 아이들을 한 버스에 태울 수 있으며, 그들이 건전한 정신을 유지하고 폭력을 사용하지 않도록 도울 수 있습니다. 아이들이 나를 알고 나를 좋아하기 때문에 가능한 일입니다. 나를 좋아하기 때문에 그들은 내 말을 듣습니다.

나는 내 버스에 타는 아이들에게 무슨 일이 일어나고 있는지 알고 있습니다. 매주 그들의 집에 가기 때문에 그들의 엄마를 알고(아버지들은 거의 안 계십니다.) 그들이 학교에서 어떤 어려움을 겪고 있는지, 그들의 엄마가 어떤 어려움을 겪고 있는지 잘 압니다. 나는 많은 아이들에게 그들이 아는 유일한 아빠입니다. 아버지의 날이 되면 언제나 이런 카드를 받습니다.

"목사님이 제 아빠였으면 좋겠어요."

다른 사역자들도 다들 나와 같은 경험을 하고 있습니다. 그런 관계는 우리가 주중에 하는 일대일 만남이 없이는 만들어지지 않습니다.

3. 심방은 고립감을 막아 줍니다.

내가 매주 운전하고 방문하는 구역은 브루클린의 부시웍입니다. 지역을 순찰하는 세 명의 경찰을 제외하고는 내가 거리에 다니는 유일한 백인입니다. 나는 몇 번씩이나 두들겨 맞고 칼도 맞았습니다. 종종 협박을 받기도 합니다. 한번은 폭력배들이 나를 버스에서 끌어내리려고 한 적도 있습니다. 사역자들 중에는 여기 사는 것 자체가 극심한 스트레스라 이곳을 떠난 사람도 있습니다.

나도 이렇게 말하는 것이 더 쉽습니다.

"다른 사람이 이 일을 하게 해야겠다." 혹은 "인도하시는 길이 아닌가 보다." 혹은 "이것은 나를 향한 하나님의 뜻이 아니야."

그러나 만약 이런 생각을 가진다면 나는 다른 많은 목사님들처럼 - 펜대를 굴리고, 처리할 서류에 쌓여, 사무실에 앉아 자신이 목회하는 사람들과는 실제로 멀리 지내는, 그리고 교외에 조용히 살면서 전도에 관한 책을 저술하는 - 될 것입니다.

이런 이유 때문에 우리 모든 사역자들은 정해진 버스 구역이 있습니다. 모두가 심방을 합니다. 모두가 위험을 감수합니다. 모든 것이 사역자들에게 달려 있습니다.

나는 이 사역을 하는 누구라도 스스로 원하시 않는데 일을 하는 것이 아니길 바랍니다. 일단 사역하는 대상과 고립이 된다면 우리는 효율성을 상실하게 됩니다. 강대상에서 심방을 가르치고 영혼 구원을 설교하는 것은 쉬운 일입니다. 그러나 그 길로 인도하기 위한 실질적인 행동은 예배시간 안에 일어나는 일과는 전혀 다릅니다.

4. 심방은 인격을 준비시킵니다.

나는 주일학교 어린이들이 자라나서 스스로 심방 프로그램을 시작하는 것을 보아 왔습니다. 그들은 심방의 가치를 알고 있습니다. 그들은 나가는 것을 두려워하지 않을 뿐더러 다른 사람들이 무슨 말을 해와도 당황하지 않습니다. 심방의 결과 어린이들 중 많은 수가 장래 전임 사역을 자원합니다. 그들은 '현장에 나가 누군가에게 받은 것을 다시 다른 사람들에게 나눠 주는 것을 배우라'고 말씀하시는 성령님의 부드러운 권유에 응답할 준비가 되어 있는 것입니다.

5. 심방은 생산성을 향상시킵니다.

나는 크리스천 콘퍼런스에 많이 참석하는데, 리더들이 심방의 생산성과 가치를 잘 모르고 있다는 걸 느낍니다. 이런 이야기가 있습니다.

"당신이 캐딜락을 자랑하면 캐딜락을 얻게 될 것이다. 당신이 주일학교 교사를 칭찬하면 좋은 주일학교 교사를 얻게 될 것이다."

좋은 영혼 구원자와 좋은 심방 프로그램을 칭찬하면 당신은 그것을 얻게 될 것입니다.

심방하는 일을 위원회로 넘기지 마십시오. 위원회는 '원하지 않는 사람이 어울리지 않는 사람을 임명하는' 비합리적이고도 불필요한 일을 합니다. 그보다는 심방과 영혼 구원으로 뼈가 불타는 몇 명의 사람을 택하여, 그들에게 방향을 제시하고 매주 가정을 방문하도록 하십시오. 그리고 나서 게시판에 그들의 생산성에 대해 올리십시오. 그들을 칭찬하십시오. 당신의 교회에 무슨 일이 일어날지 아무도 모릅니다.

나는 5년 동안 토미 바넷 목사님 곁에서 일을 했습니다. 당시 목사님은 아이오와 주의 데번포트에서 하나님의 초대교회를 시무하고 있었습니다. 바넷 목사님은 의심의 여지 없이 이 시대 최고의, 영혼을 울리는 사역자요 무기력한 우리에게 도전을 주는 분입니다. 목사님은 수년 동안이나 내 마음속을 떠나지 않는 말씀을 해 주었습니다.

"영혼을 움직이는 심방 시간을 위해 너의 시간이 돌아가는 것이 아니라, 너의 시간에 맞춰 그 심방 시간이 돌아가는 것 같구나."

나는 그 말씀을 나의 것으로 만들었습니다.

심방하는 구체적인 시간을 매주 정해 놓은 것입니다. 당신은 주일학교의 반을 방문할 수도 있고, 청소년 그룹을, 혹은 버스 구역을, 혹은 성인 신도의 일부를 방문할 수도 있습니다. 사람들과 관계를 맺기 위해 따로 시간을 비워 두십시오. 그리고 다른 것이 그 시간을 밀어내지 않도록 하십시오. 이것은 제자 훈련과 우선 순위로 요약할 수 있습니다. 사람들이 예배와 공과 시간에 참석하게 될 뿐만 아니라 그들의 필요가 채워지는가를 주의하여 보십시오. 그들이 집에서도 주님을 만날 수 있도록 늘 준비하십시오.

몇 년 전에 지위 높은 한 종교 지도자가 뉴욕 시에 와서 나를 만나고자 하였습니다. 그분이 나를 만날 수 있는 유일한 시간과 장소는 금요일 3시 맨해튼이라고 했습니다. 나는 아이들을 데리러 가는 시간이기 때문에 그 시간은 안 된다고 대답할 수밖에 없었습니다. 그분은 너그러이 이해해 주었을 뿐 아니라 내 헌신에 대해 진심으로 축복해 주었습니다. 그분도 그 일을 위해 헌신하는 분이었습니다.

6. 심방은 이미지를 전달합니다.

오늘날의 모든 사역은 주변 지역에 어떤 이미지를 제시하고 있습니다. 질문은 이것입니다.

'어떤 이미지를 전달하고 있는가?'

뉴욕 우리 구역에 있는 사람들은 모두 우리가 누구인지 압니다. 우리 건물이 이 지역에서 가장 큰 것은 분명히 아닙니다. 교회처럼 보이지도 않습니다. 그저 낡은 창고일 뿐입니다. TV나 라디오 프로그램에 광고도 하지 않습니다. 어디에도 광고 게시판이 없습니다.

그런데 어떻게 사람들이 우리를 알까요? 간단합니다. 우리는 골목과 거리로 나가 심방하는 프로그램을 통해서 이미지를 전달하고 있습니다. 언제나 어디서나 사람들은 우리의 사역자들을 볼 수 있습니다. 주일학교 전단지를 손에 들고 집집마다 방문을 하고, 초등학교 앞에서, 공원과 놀이터를 돌아다니며 출석부에 있는 아이들을 만납니다. 우리의 심방은 우리가 사역하는 뉴욕 시에서는 거의 관례가 되었습니다.

우리는 돌보고 아낀다는 이미지를 전달하기를 원합니다. 그리고 실제로 그렇게 하고 있습니다.

나의 기도와 목표는, 이 어린이들이 자라나서 주일학교를 거쳐 청소년이 되고 어른이 되었을 때, 그들을 주님께 인도하고자 했던 우리 가운데 있던 그 비전을 보게 하는 것입니다. 그리고 우리를 계속 이끌어 가는 그 소명을 보게 하는 것입니다. 행동으로 나타나는 사랑을 보고, 사랑 가운데 있는 것이 다른 사람에게 불을 붙일 수 있습니다.

옛날 서부 개척 시대에 밤에 늑대를 쫓을 수 있는 유일한 길은 캠프 파이어의 불을 꺼지지 않게 유지하는 것이었습니다. 우리는 주일학교의 심방 프로그램이 늑대로부터 수만 명의 어린이를 지키는 불이라는 것을 압니다. 그리고 지금 이와 같은 개념이 미국 전역의 주요 도시에, 그리고 전세계에 퍼져 가는 것을 보고 있습니다.

한 어린 소년

에드워드 킴벌. 신발가게 점원이며 시카고 주일학교 교사였던 그는 아이들을 사랑했습니다. 쉬는 시간이면 시카고 중심가로 가서 길거리 장난꾸러기들을 주님께 인도하기 위해 그들과 함께 시간을 보냈습니다. 그를 통하여 D. L. 무디라고 하는 어린 소년이 1858년 구원을 받았습니다. 무디는 성장하여 설교가가 되었습니다.

  1879년, 무디는 F.B. 메이어라 하는 한 청년을 주님께 인도했습니다. 이 사람도 역시 성장하여 훌륭한 설교가가 되었습니다. 심방에 뜨거운 열심을 내었던 메이어는 J. W. 채프만이라는 청년을 그리스도께 인도하였습니다. 채프만 역시 설교가가 되어 후에 빌리 선데이라는 야구 선수에게 그리스도의 메시지를 전했습니다. 운동선수이자 복음 전도자인 선데이는 노스캐롤라이나 샬롯에서 부흥회를 열었습니다. 이 부흥회가 매우 성공적이었기에 모르데카이 햄이라는 또다른 복음 전도자가 샬롯으로 초대되어 말씀을 전하게 되었습니다. 햄이 복음을 전하고 있을 때 빌리 그레이엄이라는 십대 아이가 자신의 삶을 예수님께 드렸습니다.

  이 모든 일은 한 아이를 예수님께 인도함으로 시작되었습니다.

우리는 무디나 빌리 선데이나 빌리 그레이엄 같은 사람이 되지 않을 수도 있습니다. 그러나 우리 모두, 그렇게 될 수 있는 누군가의 인생에 그런 시작을 가능케 하는 도구가 될 수 있습니다.

나는 사람들이 흔히 말하는 은사가 많은 사람이 아닙니다. 다만 매주 금요일 나가서 길거리 구석에 앉아 있는 - 나 또한 그 나이에 그렇게 보였을 - 더러운 아이들을 방문합니다. 어떤 사람이 내게 와서 지금 여기에 왜 있는지 묻습니다. 나는 학자도 아니고 내 이름 뒤에 많은 학위가 있는 것도 아닙니다. 그러나 나는 돌보는 일을 합니다. 여러분도 할 수 있습니다. 여러분과 나는 이 소명을 가지고 거리로 나갈 수 있습니다.

우리 모두는 주님이 우리를 찾아오시기를 원합니다. 우리가 주님을 위해 사람들을 심방하면 그 일이 일어나는 것입니다. 주님이 그 사람을 찾아가시는 것입니다.

열정으로 아이들과 함께하는 빌 윌슨 목사

빌 윌슨 목사의 설교를 집중해서 듣고 있는 어린이들의 해맑은 모습

거인과
싸우기

하나님은 투쟁과 싸울 힘을 주시지 않는다.
대신 그런 투쟁을 통해서 힘을 길러 주신다.

빌 윌슨

 "목사님, 눈을 꺼내야 되겠습니다."

달라스에 있는 의사가 내게 말했습니다.

"우리 계획은 응고된 피 제거 수술을 한 후 눈을 다시 넣는 것입니다."

이것은 제가 원했던 결과가 아니었습니다.

3개월 전에 브루클린 데칼브애비뉴에서 강도짓을 하던 두 명의 남자가 나를 뒤로 던져 버렸습니다. 나는 그들이 오는 것을 보지 못했습니다. 내 얼굴로 벽돌이 아주 세게 날아들었습니다. 이 일로 광대뼈에 금이 가고 앞니가 부러졌습니다. 더 심각한 것은 오른쪽 눈 뒤로 피가 뭉쳐 응고된 것입니다. 한쪽 눈이 완전히 멀게 되었습니다. 나는 계속 버스 운전을 해야 했고, 가정을 방문해야 했고, 주말마다 후원금을 모으기 위한 여행을 해야 했습니다. 당시에는 내 역할을 대신 할 사람이 없었습니다.

두 명의 사업가가 내가 의료보험이 없다는 것을 알고, 달라스의 뛰어난 크리스천 안과 전문의에게 가서 진료를 받도록 해 주었습니다. 고맙게도 치료비까지 다 대주겠다고 했습니다.

처음 계획은 염류 치료를 통해서 뭉친 피를 풀어 주는 것이었습니다. 그런데 이것이 되질 않았습니다. 수술만이 유일한 길인 듯했습니다.

"이 수술은 성공을 100% 보장할 수 없습니다. 그러나 다른 대안도 없습니다."

의사의 설명이었습니다.

솔직히 말하자면 무서웠습니다. 수술 날짜가 정해지자, 그 사업가는 달라스행 비행기표를 사서 보내 주었습니다. 나는 월요일 아침 라 가르디아 공항에서 비행기를 타게 되어 있었습니다.

그러나 나는 아무도 모르게 비행기표를 따로 구입하였습니다. 사람들이 공항에 내려 주면 내 비행기표를 이용하여 달라스가 아닌 다른 곳으로 가려고 계획했습니다. 아무에게도 말하지 않았습니다. 월요일 아침 다른 비행기를 타고 가 버릴 생각이었습니다. 그리고 다시 돌아오지 않을 생각이었습니다.

'이것으로 끝이다.'

훌륭한 간증이 아니라는 것을 알지만 그것이 나의 참 모습이었습니다. 나는 할 일을 다 했습니다.

떠나기로 한 날 아침이 되었습니다. 창문을 통해서 아침의 첫 햇살이 들어올 때 나는 천장을 올려다보았습니다. 그리고 깜짝 놀랐습니다.

완벽하게 보이는 것이었습니다. 두 눈 다!

나는 비행기를 취소하고 병원에 전화를 했습니다.

"다 나았습니다. 수술할 필요가 없게 됐습니다."

전날 밤 아무도 나를 위해 안수하지 않았습니다. 기름을 붓지도 않았습니다. 믿음은 너무도 약해져 있었고, 도망가고 싶을 만큼 무서웠습니다. 그때 하나님이 개입하셨습니다. 그분은 나보다 훨씬 더 위대하셨습니다. 나는 많은 것을 할 수 있지만 나 자신을 고칠 수는 없습니다.

나는 삶에서 모든 것이 절망적으로만 보이는 경험을 여러 번 했습니다. 모든 문제가 내 능력 밖의 일일 때 말입니다. 그런 순간에 나는 모든 상황을 완벽하게 다스리고 계시는 하나님을 보았습니다. 마지막인 것 같을 때에도 꽉 잡고 있으면 하나님이 오셨습니다! 모든 것을 이해할 수는 없지만 하나님이 그렇게 하신다는 것은 알고 있습니다.

챔피언에게 조롱당하기

디 잇괴 골리앗 이야기는 나에게 개인적으로 위대한 깨달음을 주는 진리입니다. 대부분이 이 이야기를 잘 알고 있지만 적용하는 데는 어려움이 있습니다. 많은 사람들이 이 이야기를 일종의 기적으로 만들었지만, 일단 이해와 적용을 하고 나면 여기에 관련된 기본 원리를 알게 되고 투쟁을 다루는 방법에 있어 완전한 변화를 가져올 수 있습니다.

골리앗, 기스 출신이며 팔레스타인의 전사이며 이스라엘과 결판을 보려고 하고 있습니다. 키는 9피트 이상입니다.

> 머리에는 놋투구를 썼고 몸에는 비늘 갑옷을 입었으니 그 갑옷의 무게가 놋 오천 세겔이며 그의 다리에는 놋각반을 쳤고 어깨 사이에는 놋단창을 메었으니 그 창자루는 베틀채 같고 창날은 철 육백 세겔이며 방패 든 자가 앞서 행하더라 삼상 17: 5-7

성경은 그가 서서 이스라엘 군대를 향해 소리쳤다고 말씀하고 있습니다.

> 그가 서서 이스라엘 군대를 향하여 외쳐 이르되 너희가 어찌하여 나와서 전열을 벌였느냐 나는 블레셋 사람이 아니며 너희는 사울의 신복이 아니냐 너희는 한 사람을 택하여 내게로 내려보내라 그가 나와 싸워서 나를 죽이면 우리가 너희의 종이 되겠고 만일 내가 이겨 그를 죽이면 너희가 우리의 종이 되어 우리를 섬길 것이니라
> 삼상 17: 8-9

어느 날 양을 치고 있던 한 소년이 아버지의 부탁을 받고 구운 곡식과 치즈와 빵 열 덩어리를 가지고 이스라엘 군대 캠프로 갔습니다. 이 소년의 이름은 다윗이었습니다. 그는 곧장 형들을 찾기 위해 전선으로 향했습니다. 그는 거기서 골리앗이 도전하는 말을 듣게 됩니다.

다윗은 주변에 있는 군인들에게 물었습니다.

"이 할례받지 못한 블레셋 인이 누구길래 감히 살아 계신 하나님의

군대를 모욕합니까?"삼상 17:26

그의 큰형이 그 말을 듣고 다윗을 꾸짖었습니다.

"너는 여기 왜 왔느냐? 들의 양들은 누구한테 맡겼느냐? 나는 너의 교만과 완악한 마음을 익히 알고 있으니 여기 전쟁을 구경하러 왔구나."28절

다윗은 같은 질문을 계속했습니다. 곧 사울 왕이 그를 불렀습니다. 다윗은 사울에게 "그를 인하여 사람들이 낙담하지 말게 하십시오. 주의 종이 가서 저 블레셋 사람과 싸우겠습니다."32절라고 합니다.

그러자 사울이 다윗에게 말합니다.

"너는 저 블레셋 사람과 싸우지 못해. 너는 아직 소년이요 그는 어려서부터 용사였다."33절

사자와 곰

겉으로 볼 때 이것은 이길 수 없는 싸움입니다. 그러면 우리는 이길 수 없는 싸움에서 어떻게 해야 할까요? 모든 것이 불가능해 보일 때 여러분은 어떻게 하십니까?

다윗의 경험이 우리에게 해답을 주고 있습니다. 그는 젊은 시절 내내 양을 지키면서 보냈습니다. 매일 몇 시간씩 그저 양을 바라보는 것입니다. 여러분은 목자가 무슨 일을 하는지 아십니까? 실제로 아무 일도 하지 않습니다. 몇날 며칠이고 언덕에서 양들을 보며 앉아 있습니다. 심지어 몇 달 동안.

바로 이런 곳에서 다윗은 하프 연주와 물맷돌 던지기를 배웠습니다. 조용한 시간에 하나님과 대화하는 것을 배웠습니다.

최근에 언제 주님과 단 둘이 시간을 보내셨습니까?

수 년 동안 나는 특히 뉴욕의 호텔 방에서 밤새도록 창밖만 내다보며 외로운 밤을 보낸 적이 많습니다. 혼자 있을 수밖에 없는 시간을 통해서 그 어느 때보다 더 많이 생각하고, 기도하고, 말씀을 읽으면서 주님과 가까이하는 시간을 가졌습니다.

이길 수 없는 싸움에서 이기려면 우리는 고독 가운데서 성장해야 합니다. 쉬운 길을 말씀드리고 싶지만 쉬운 길은 없습니다. 싸움에서 이기기 원한다면 먼저 주님과 단 둘이 있어야 합니다. 쉽지 않습니다. 거기 아는 사람이 있어도 당신은 혼자 있어야 합니다. 그래야 합니다.

다윗의 신앙은 고독 가운데 자랐으며, 갈등 가운데 강건해졌습니다. 주님이 과거에 어떤 일을 하셨는지 알고 있었던 그는, 거인과 싸울 준비가 완벽하게 되어 있었습니다.

사울이 물었습니다.

"무슨 자격이 있어서 나가 싸우겠느냐? 너는 아무것도 아닌데."

이때 다윗이 한 말을 기억하십시오.

"저는 곰과 싸워서 이겼으며 사자와 싸워서도 이겼습니다."

다윗에게 이 거인은 그저 또 하나의 싸움상대일 뿐입니다. 34-36절

이 이야기는 우리가 종종 기적으로 만들어 버리지만, 그렇게 큰 기적이 아닙니다. 우리들 대부분은 투쟁을 싫어합니다. 저도 그렇습니다. 그러나 하나에서 도망가면 계속 도망가야 합니다. 그렇게 되면 인생에 거인이 찾아올 때 - 네, 반드시 옵니다 - 굴복하게 됩니다. 성공하지

못할 것입니다. 투쟁의 경험이 없으면 배우는 것도 없습니다.

살다 보면 사자와 곰은 다양한 형태로 찾아옵니다. 거부, 질병, 가슴 아픈 일, 실패, 비극 등등 많습니다. 그러나 그런 시험을 통과하는 것이 우리가 싸움의 경험을 갖게 되는 것입니다.

하나님은 투쟁과 싸울 힘은 주지 않으십니다. 그런 투쟁을 통해서 힘을 길러 주십니다. 우리는 그 반대를 원합니다. 그러나 반대로는 되지 않습니다.

투쟁에서 도망치지 마십시오. 거기 서서 어깨를 쫙 펴십시오. 그러면 나에게 덤비는 것들이 나를 무너뜨리지 못합니다. 나는 몇 마리의 사자와 곰과 그리고 거인과 싸웠습니다. 그리고 하나님의 은혜로 나는 이겼습니다.

최후의 믿음 테스트

전쟁터에 선 다윗이 숨을 곳은 어디에도 없었습니다. 골리앗은 이 작은 목자에게 정말로 큰 도전이 되는 거인이었습니다. 그러나 다윗의 말에는 그의 약함이 아니라 하나님의 강함이 담겨 있었습니다.

> 너는 칼과 창과 단창으로 내게 나아오거니와 나는 만군의 여호와의 이름 곧 네가 모욕하는 이스라엘 군대의 하나님의 이름으로 네게 나아가노라 삼상 17:45

우리는 이 드라마틱한 이야기의 결말을 잘 알고 있습니다. 다윗은 주머니에 손을 넣어 물맷돌 하나를 꺼냈습니다. 이것이 다윗의 최후의 믿음 테스트였습니다. 그의 믿음은,

- 고독 가운데서 성장하였고
- 갈등 가운데서 강건하게 되었으며,
- 절망 가운데서 증명되었습니다.

다윗은 해답이 그의 물매에 있지 않다는 것을 알았습니다. 그것을 사용할 자신의 능력에 대해 확신했다면 그는 다섯 개가 아닌 한 개의 돌을 취했을 것입니다. 이 젊은 목자는 자신의 능력에 관한 한 환상을 가지고 있지 않았습니다. 그는 전능자를 완전히 의지하였습니다.

상황이 절망적일 때 돌아갈 수 있는 곳은 오직 한 곳뿐입니다.

> 나는 여호와를 향하여 말하기를 그는 나의 피난처요 나의 요새요
> 내가 의뢰하는 하나님이라 하리니 시편 91:2

심지어 모든 것이 끝난 것처럼 보여도 끝날 때까지는 끝난 게 아닙니다.

가이드북은 없었습니다

나는 지난 수 년간 충고와 조언을 하는 데 아주 많은 시간을 보냈습

니다. 최근 들어 내가 깨달은 것은 우리가 하고 있는 일을 왜 하는지 알게 된다면 그 일을 하는 방법도 스스로 파악할 수 있다는 것입니다.

지금 이 주일학교 사역은 내가 세인트 피터스버그에 있었던 십대 때부터 시작되었습니다. 교회 도서관 어디에도 이 주제에 관한 책은 없었습니다. 따라 할 수 있는 어떤 모델도 있지 않았습니다. 신학대학에서도 '버스 사역 101' 혹은 '주일학교 101'과 같은 과정은 없었습니다. 지금 하고 있는 것과 같은 종류의 사역에 대한 어떠한 훈련도 나는 받지 못했습니다.

그러나 내 영혼 깊은 곳에서부터 나와 같은 어린이들에게 다가가야 한다는 소리가 들려왔습니다. 나는 그들에게 왜 주님이 필요한지도 알고 있었습니다. 단계별 계획이 없다는 사실은 문제가 되지 않았습니다. 나는 거기로 나아가야 했으며 그 일이 일어나도록 해야 했습니다.

19살 때 이런 말을 들었습니다.

"빌, 자네가 우리 교파에서 가장 큰 버스 사역을 하는 것을 알고 있나?"

"자네, 농담이지? 난 지금 겨우 시작하는 법을 배우고 있는 중인데."

소년 소녀의 가정을 방문하는 일과 아이들을 교회로 데리고 오는 것이 내 주일학교 사역의 전부였습니다. 큰 숫자는 중요하지 않았습니다. 숫자는 마땅히 해야 하는 일을 할 때 따라오는 부산물에 지나지 않습니다.

후에 내가 이 나라를 여행하면서 수천 개의 교회들 중 겨우 손에 꼽을 만한 교회들만이 적극적으로 어린이들, 혹은 복음 전도와 관련된 어떤 사람들에게, 혹은 지역 사회 사람들에게 접근하고 있다는 것을 깨닫게 되었습니다. 대부분의 경우 일주일의 행사가 전도나 부흥보다도 더 중요한 위치를 차지하고 있었습니다. 현 상태를 유지하는 것이 창조성이나 변화보다 선호되고 있었습니다.

소명 기다리기

나이가 들어가면서, 사람들이 변화하려면 인생관 자체가 변해야 된다는 것을 깨닫습니다.

최근 한 선교 컨벤션에서 회중들이 오래된 선교 찬송을 부르고 있었습니다. "오 주님, 주님이 원하시면 어디든지 가리다." 나는 노래를 부르면서 우리가 지금 무슨 노래를 부르고 있는가 잠시 생각했습니다. 그리고 노래가 아무 의미가 없다고 생각했습니다. 그 자리에 있던 사람들 대부분은 아무 곳에도 가지 않습니다. 나는 압니다. 그들도 압니다. 그러나 기본적으로 아무 의미도 없는 노래를 계속 부르고 있는 것입니다. 지금까지 해 오던 대로 말입니다.

우리는 잠잠히 주님과 단 둘이 있는 시간을 가지며, 우리에게 주어진 시간을 어떻게 사용하고 있는지 다시금 돌아보아야 합니다.

재산을 팔아서 도시 빈민가로 와야 한다고 제안하는 것이 아닙니다. 우리가 하는 것을 모든 사람이 다 해야 한다는 것도 아닙니다. 그러나 자신이 있는 곳에서 필요를 보고, 또 그 필요에 응답할 마음의 준비는 늘 하고 있어야 합니다.

나는 대부분의 미국인들과 전혀 다른 곳에서 삶을 살아 왔습니다.

누가 옳고 누가 그르냐를 말하는 것이 아닙니다. 다만 사람들은 저마다 다르다는 말입니다.

부시윅에서 전철로 몇 정거장 떨어지지 않은 곳에서는 월 스트리트 임원들의 정기 모임이 열립니다. 그들은 맨해튼의 기업 위원회실에서 정기 기도회를 열고 성경 공부를 합니다. 그들의 일 역시 메트로 사역만큼 중요합니다. 그들은 내가 감히 만날 수 없는 사람들에게 사역을 하고 있는 것입니다.

나는 크리스천 방송이나 일반 텔레비전 대담 프로그램에 초청받아 출연하면, 몇 분 안에 거의 예외 없이 이런 질문을 받습니다.

"하나님께서 뉴욕으로 어떻게 부르셨습니까?"

미드웨스트 생방송 프로그램에서 나는 이렇게 대답했습니다.

"하나님은 저를 뉴욕으로 부르지 않으셨습니다."

사회자는 당황함을 금치 못하고 카메라를 향하더니 "잠시 후에 뵙겠습니다." 하고는 광고 방송을 내보냈습니다.

내가 한 말의 의미를 이렇게 설명하려고 합니다.

너무나 많은 사람들이 하나님의 '소명' 혹은 하나님의 '음성'을 어떻게 알게 되는가에 너무 의존합니다. 그럴 경우, 우리가 옳다고 생각하는 것일지라도 상황이 맞지 않으면 행동으로 옮기지 못하곤 합니다.

당신이 미래에 관하여 하나님의 인도를 받기 위해 어떤 초자연적인 계시나 혹은 파란 하늘에서 번개라도 내리기를 기다린다면, 아마 영원히 기다리게 될지도 모릅니다. 나는 하나님께서 직접 말씀해 주시기를 바라면서 평생을 기다린 아주 신실한 사람들을 많이 알고 있습니다. 그들은 주님의 음성을 듣지 않고서 사역에 참여하면 안 된다고 생각합니다.

수많은 선한 크리스천들이 하나님께서 어떤 무엇인가를 위해 부르시기를 기다리다가 죽었습니다. 그리고 기다리는 동안에 아무것도 하지 않았습니다. 하나님께서는 불타는 떨기나무를 통해서도, 불기둥을 통해서도 말씀하십니다. 그러나 우리가 그런 사인을 기다릴 필요는 없습니다. 나는 다음과 같은 제목의 글을 썼습니다.

"떨기나무에 불이 붙기를 기다리는 동안 당신은 무엇을 하십니까?"

안타깝게도 많은 크리스천들이, 선교사는 비전을 본 사람이며 하나님과의 초자연적인 만남을 경험한 사람이라고 믿고 있습니다.

여러분 집에 불이 났습니다. 그리고 아이가 아직 안에 있습니다. 여러분은 어떻게 하겠습니까? 주님이 말씀하실 때까지 들어가지 않을 것입니까? 아닙니다. 곧장 안으로 뛰어들어갈 것입니다. 아이를 구해야 하니까요.

내가 뉴욕으로 오기로 결심했을 때 느낀 것도 이와 같습니다. 나는 필요가 소명이라고 믿습니다. 사실 매우 간단합니다. 우리가 삶의 다른 면을 복잡하게 만든 것처럼 소명도 그렇게 복잡하게 만들었을 뿐입니다.

나는 왜 안 됩니까?

뉴욕 빈민가 아이들이 처한 상황을 처음 보았을 때, 나는 하나님께서 내 어깨를 붙잡고 천둥과 같은 소리로 "빌 윌슨, 난 네가 부시윅으로 이사하길 바란다."라고 말씀하시는 음성을 필요로 하지 않았습니다.

나는 상황을 보았고, 누군가가 앞장서야 한다는 것을 즉각적으로 알았습니다. 나는 주님께 말했습니다.

"주님, 제가 가도 된다고 생각합니다. 저는 거기서 살 수 있을 것 같습니다. 열심히 일하겠습니다. 당신을 믿습니다."

어차피 살아야 한다면 누군가를 도울 수 있는 곳에서 사십시오.

다시 한 번 말하겠습니다. 필요가 소명입니다.

대부분의 크리스천들은 크리스천의 정확한 책임이 무엇인지 제대로 인식하고 있습니다. 주님께서도 지상 명령을 통해 말씀하셨습니다.

> 너희는 온 천하에 다니며 만민에게 복음을 전파하라 믿고 세례를 받는 사람은 구원을 얻을 것이요 믿지 않는 사람은 정죄를 받으리라
>
> 막 16:15-16

주님은 "내가 너희를 부르면 그때 가라."고 말씀하지 않으셨습니다. 그저 "가라."고 하셨습니다. 우리 모두 이것을 잘 알고 있습니다. 그러나 무슨 이유에서인지 실천을 못 하고 있습니다.

내가 하고 있는 많은 일은 스트레스와 고통으로 가득 차 있습니다. 나도 부시윅에 사는 것을 좋아하지 않습니다. 누가 좋아하는지도 저는 모르겠습니다. 그러나 우리는 하고 있습니다. 우리 중 누구도 이것을 인생의 목표로 삼았던 것은 아닙니다. 빈민가에 사는 수천 명의 사람들과 이야기를 나누지만 이웃을 사랑하는 사람을 거의 찾아보지 못했습니다.

나는 왜 이곳에서 사역을 하며 살아가고 있습니까? 누군가가 해야 하기 때문입니다. 나는 내 귀에 들리는 '소명'에 반응하지 않았습니다. 나는 절박한 상황에 반응했습니다.

하나님으로부터 소명을 받고 싶으십니까? 눈을 크게 뜨고 여러분 주변에 있는 구체적인 필요를 보십시오. 즉각 가질 수 있습니다. 그 다음 한 단계 앞으로 나아가 당신의 인생 전부를 그 프로젝트에 던지십시오. 그것이 하나님의 부르심에 응답하는 방법입니다.

선택은 우리가 하는 것입니다

지금 메트로교회는 처음 사역을 시작한 1970년에 비해 양적으로 크게 성장했습니다. 하지만 그때 내가 보았던 사역의 '필요'는 지금도 매일 계속되는 나의 사역에 힘을 불어넣어 주고 있습니다.

사람들은 누구나 거울을 보면서 종종 이렇게 자문할 것입니다.

'내 삶에 만족하는가? 나는 내 일에 만족하고 있는가?'

사람들은 각자 선택한 방식대로 살아갑니다. 불편하고 낙후된 환경과 처지에도 불구하고 도시 빈민가를 떠나지 않는 이유는 가족과 친구들을 선택했기 때문입니다. 그것은 그들이 알고 있는 유일한 생활 모습이기도 합니다.

인생은 테니스 경기 그 이상이지만 한 가지만은 확실합니다. 공은 우리 코트 안에 있습니다. 경기를 하면서 보다 높은 단계로 나아가기로 결정할 수 있습니다.

"나는 더 잘 할 수 있어. 나는 더 많은 것을 해낼 수 있어."

우리는 저항이 작은 길을 갈 수도 있고, 하나님의 말씀을 붙잡아 그분과 함께하는 영원을 준비할 수도 있습니다.

나는 미래의 계획을 모르며, '기회가 한 번만 더 있다면'이라고 말하지 않습니다. 대신 오늘에 110%를 주고 있습니다. 다음 달 혹은 내년에 내가 무엇을 할 것인가 걱정하지 않습니다. 그저 지금 이 순간, 내가 해야 하는 일을 합니다. 메트로교회의 성공은 분명, 내가 똑똑하거나 아이디어가 많거나 지적인 사람이어서가 아닙니다. 나는 '필요'를 찾았을 뿐이며, 필요한 곳에 변화를 일으키기 위해 내 마음과 영혼을 던졌을 뿐입니다.

전적으로 헌신을 하려면 대가를 치러야 합니다. 그 희생은 당신이 상상했던 것보다 훨씬 클 수 있습니다. 윈도쇼핑을 하는 것과 비슷합니다. 쇼 윈도에 있는 아름다운 드레스를 봅니다. 안으로 들어갑니다. 드레스가 있는 곳으로 갑니다. 제일 먼저 무엇을 봅니까? 물론 가격입니다. 그러고 나서 다른 옷도 돌아보고 다른 가게도 들릅니다.

잠깐만, 무슨 일입니까? 옷을 사겠다는 마음이 사라진 겁니까? 아닙니다. 다만 돈을 내고 싶지 않은 것입니다. 그런 것이죠.

신잉도 마찬가지입니다. 우리는 모두 무슨 일이 일어나기를 바랍니다. 그리고 그 일을 위해 우리를 사용해 달라고 하나님께 기도합니다. 기회가 옵니다. 그러나 막상 기회가 오면 멈칫합니다. 왜 그럴까요? 희생이 따르기 때문입니다.

모든 일에는 대가를 치러야 합니까? 그렇게 믿는 것이 더 낫습니다. 어떤 사람에게는 치러야 할 대가가 우리가 인정하고 싶은 것보다 더 많습니다. 이 모두는 상대적입니다. 그것을 치를 마음도 없으면서 하나님께 사용되고 싶다고 말하고 다닌다면 자신을 바보로 만드는 것입니다. 항상 그런 일이 있습니다. 모든 기회를 등에 지고 다니다가 선반 위에 올려놓는 것은 아주 어리석은 일입니다.

나는 많은 사람들에게 이렇게 묻습니다.

"당신은 그리스도를 위하여 당신의 인생을 드리시겠습니까?"

대개 "네"라고 대답을 합니다. 왜냐하면 그것이 '바른' 대답이기 때문입니다. 그러나 진심으로 한 대답은 아닙니다. 구름이 폭풍을 몰고 와 배가 흔들거리기 시작하면 사람들은 배를 버립니다. 헌신을 이야기하기는 쉽습니다. 그러나 그것을 보여주는 사람은 지극히 만나기 어렵습니다.

플로리다 한 공원의 하수구에 앉아 있는 나를 보았을 때, 데이비드 루데니스는 필요한 행위를 하기 위해 기도하지 않았습니다. 그는 아무도 원하지 않는 어린 소년을 보았고, 그것이 그날 하나님이 그에게 준 소명이 되었습니다.

데이비드는 "주님, 이 아이를 다음 주에 열리는 크리스천 캠프에 가게 하기 위해 제가 돈을 내주어야 합니까? 말아야 합니까?"라고 묻지 않았습니다. 그는 본능적으로 내 인생에 무엇이 필요한지 알았고, 돕기 위해 즉각적인 결정을 한 것입니다. 다행히도 그의 즉각적이고도 정상적인 반응이 나의 삶을 변화시켰습니다. 청소년 캠프 수요일 밤에 내가 예수님을 만난 것입니다. 그 경험 때문에 그리고 그 이후의 사건 때문에 나는 지금 이 일을 하고 있는 것입니다.

주님은 여러분이 가만히 앉아서 주님의 응답을 기다리기를 원하지 않으십니다. 주님은 여러분이 "제가 해야 하나요? 말아야 하나요?"라고 묻기를 원하지 않으십니다.

문둥병자의 결심

열왕기하에 나오는, 사마리아 성문 밖에 앉아서 이러지도 못하고 저러지도 못하고 있는 4명의 문둥병자를 기억하십니까?

구약 시대에 일반적인 전쟁의 방식은 도시 주변에서 적의 물과 음식 공급을 차단하는 것이었습니다. 시리아 군대가 사마리아에서 이렇게 하고 있었고 백성들은 기아상태를 맞게 되었습니다. 4명의 문둥병자는 자신들이 처한 곤경에 대해 심각한 토론을 하고 있었습니다.

> 성문 어귀에 나병환자 네 사람이 있더니 그 친구에게 서로 말하되 우리가 어찌하여 여기 앉아서 죽기를 기다리랴 만일 우리가 성읍으로 가자고 말한다면 성읍에는 굶주림이 있으니 우리가 거기서 죽을 것이요 만일 우리가 여기서 머무르면 역시 우리가 죽을 것이라 그런즉 우리가 가서 아람 군대에게 항복하자 그들이 우리를 살려 두면 살 것이요 우리를 죽이면 죽을 것이라 하고 왕하 7:3-4

여러분은 지금까지 살아온 모든 것이 갑자기 끝이 나는 그런 상황을 경험해 본 적이 있습니까? 어떤 선택을 하든 위험할 수밖에 없었던 적이 있습니까? 무엇을 어떻게 해야 할지 모를 때 어떻게 하십니까? 매우 어려운 상황입니다.

4명의 문둥병자는 무엇인가 하는 것이 죽음을 기다리는 것보다 낫다는 결론을 내리게 됩니다. 그들은 일어나서 걷기 시작했습니다. 시리아 군대 캠프가 있는 곳으로 곧장 걸어갔습니다. 이때 매우 놀라운 일이 벌어졌습니다.

> 아람 진으로 가려 하여 해질 무렵에 일어나 아람 진영 끝에 이르러서 본즉 그곳에 한 사람도 없으니 이는 주께서 아람 군대로 병거 소리와 말 소리와 큰 군대의 소리를 듣게 하셨으므로 아람 사람이 서로 말하기를 이스라엘 왕이 우리를 치려 하여 헷 사람의 왕들과 애굽 왕들에게 값을 주고 그들을 우리에게 오게 하였다 하고 해질 무렵에 일어나서 도망하되 그 장막과 말과 나귀를 버리고 진영을 그대로 두고 목숨을 위하여 도망하였음이라 왕하 7:5-7

문둥병자들이 캠프에 도착했습니다. 텐트 안으로 하나씩 하나씩 들어갔습니다. 먹을 것과 마실 것, 심지어 금과 은과 옷까지 있었습니다. 그들은 도시로 다시 뛰어와서 기쁜 소식을 전했습니다. 사람들은 기뻐서 소리치고 기아상태는 끝이 났습니다.

무엇을 어떻게 해야 할지 모르는 상황에 다다랐을 때, 최선은 앞으로 나아가는 것입니다. 사도 바울도 그러했습니다.

> 형제들아 나는 아직 내가 잡은 줄로 여기지 아니하고 오직 한 일 즉 뒤에 있는 것은 잊어버리고 앞에 있는 것을 잡으려고 푯대를 향

하여 그리스도 예수 안에서 하나님이 위에서 부르신 부름의 상을 위하여 달려가노라 빌 3:13-14

무엇인가 하자고 말만 하지 마십시오. 기독교 안에서 이미 말만 하는 사람들을 충분히 보았습니다. 일어서서 행동으로 옮기십시오. 세상을 바꾸지 못할 수도 있습니다. 그러나 당신의 행위가 누군가의 삶을 어루만질 수 있습니다. 당신이 들고 있는 촛불이 세상을 밝게 할 수 있을지는 모르겠지만 곤경에 빠진 한 사람의 인생을 밝힐 수는 있습니다. 엘리노어 루즈벨트가 말했습니다.

"어둠을 저주하는 것보다는 촛불을 켜는 것이 더 낫다."라고.

환하게 빛나는 빛

뉴욕에서 가장 악명 높은 빈민가인 할렘 126번가. 한 작은 소년이 매일 깨진 유리 조각을 들고 나와 한 임대 아파트에 햇빛을 반사시키고 있었습니다.

"뭐 하고 있는 거니?"

그 소년을 며칠 동안 지켜본 경찰이 물었습니다.

"저기 사는 사람들을 괴롭힐 작정이니?"

"아니에요. 아저씨, 저 아파트에 제가 살아요."

"그러면 왜 저 위에 빛을 비추고 있는 거냐?".

"저기에 제 남동생이 있어요. 6살인데 한 번도 걸어 본 적이 없어요.

우리 엄마는 돈이 없어서 제 동생에게 휠체어를 사 주실 수 없어요."

그는 계속해서 말했습니다.

"우리가 동생을 밖으로 데리고 나오면 다른 아이들이 돌을 던져요. 그래서 안 내려오려고 해요. 그래서 제가 매일 여기 서서 제 동생 방으로 햇빛을 비춰 주는 거예요. 이게 제 동생이 빛을 볼 수 있는 유일한 방법이에요."

지금도 전세계 곳곳에는 사랑의 돌봄을 기다리는 많은 영혼들이 있습니다. 미국처럼 축복받은 땅이든 그렇지 않은 곳이든 도움과 필요가 갈급한 영혼들이 너무나 많습니다.

그들의 필요가 당신을 향한 하나님의 소명이 되게 하십시오.

빌 윌슨 목사는 다음 세대와
가치 있는 대화를 나누기 위해 늘 시간을 내려고 노력한다.

나는 정말 그들을 위하고 있는가

훌륭한 일을 하라. 사람들이 그것을 따라 할지도 모른다.
슈바이처(1875~1965, 독일의 의사)

 어느 토요일, 아이들을 태우러 가던 중 잠시 맥도날드에 들러 점심을 먹고 있었습니다. 마침 루비와 그의 형제들도 주일학교 버스를 기다리며 그곳에서 시간을 때우고 있었습니다. 루비는 예전에 내가 운전하는 버스를 탔었으나, 마약 거래상들이 루비가 살고 있는 건물을 점거한 후 이사해 다른 노선을 도는 버스에 나게 되었습니다. 하지만 버스를 옮긴 후에도 우리는 두터운 우정을 잃지 않았습니다.

이야기를 나누던 중 루비의 안경테가 부러져서 안경알이 자꾸 빠지는 것이 눈에 띄었습니다. 몇 번이나 안경알이 빠졌지만 그는 계속 다시 주워넣으며 웃고 얘기했습니다.

시간이 되어 버스로 돌아가려 할 때 루비가 나에게 안경을 건네주며 말했습니다.

"빌 목사님, 이것 좀 고쳐 주시겠어요?"

"한번 보자."

시간이 많지는 않았지만 나는 가게로 뛰어가 테이프를 샀습니다. 안경을 고치기에 썩 알맞은 도구는 아니었지만, 그 상황에서는 최선의 방법인 듯했습니다. 나는 급한 대로 안경알을 테에 고정시켜 주었습니다. 조금 뒤, 루비가 버스 계단을 오르면서 "안경을 고쳐 주셔서 고맙습니다. 엄마는 고쳐 줄 시간이 없다고 하셨거든요. 사랑해요." 하며 나를 세게 안아 주었습니다.

몇 년 후 난 루비의 결혼식에 주례를 섰습니다. 교회에서 멋진 형제를 만나 결혼하게 된 것입니다.

아이들이 커가는 과정을 지켜 볼 수 있다는 것은 기쁜 일입니다. 이 모든 것이 한 사람이 보여주는 관심에서 비롯됩니다. 그러나 많은 사람들은 안경 하나 고쳐 주려 하지 않습니다. 자기 일에 너무 바빠 한 아이에게 신경 쓰려고 하지 않습니다. 참으로 큰 비극입니다.

가장 위대한 교훈

나의 어린 시절은 루비와 비슷했습니다. 사람들은 늘 "난 너에게 신경 쓸 시간이 없어."라고 말하곤 했습니다.

"새 신발을 사 줄 시간이 없어."

그래서 나는 구멍 뚫린 신발을 끌고 다녔고, 늘 웃음거리가 되곤 했습니다.

"너를 옷가게에 데려갈 시간이 없어."

그래서 나는 늘 손으로 바지 무릎에 있는 구멍을 가린 채 앉곤 했습니다.

"그래, 내가 같이 가줄게. 내가 고쳐 줄게."라고 한 마디 하는 것이 그렇게 어려운 일도 아닌데 말입니다.

사역의 규모나 성격보다는 한 아이의 어깨에 손을 얹고 꾸밈 없이 이야기를 들어주는 것이 가장 위대한 교훈이 된다는 것을 오래 전에 나는 깨달았습니다.

사춘기 때 삶이 변화된 이후로 나는 매주 주일학교에 참석했습니다. 내 기억으로는 200~300개의 설교를 들었던 것으로 기억되지만 지금까지 기억에 남아 있는 내용은 없습니다. 그러나 아직도 내 머리에 생생하게 남아 있는 기억은, 선생님이 아침 식사 때 우리를 초대해 특별한 손님 대접을 해주었던 일입니다. 그 선생님은 나를 마중나와 주었고, 내게 말을 걸어 주었고, 관심을 보여 주었습니다. 또 로얄레인저 캠프파이어 때 꺼져 가는 불 주위에 둘러앉아 마시멜로를 구워먹으며 리더와 일대일로 대화를 나누던 일도 생생하게 기억납니다.

상처로 인해 아파하고 있는 아이들에게 다가갈 쉽고 간단한 방법이 있으면 좋겠지만, 현실은 그렇지 않습니다. 아이들의 마음이 쉽게 열리지는 않지만, 루비나 빌같이 우리의 시간과 관심을 필요로 하는 아이들은 주위에서 쉽게 발견할 수 있습니다. 이런 아이들을 발견하는 데서부터 우리의 노력은 시작됩니다.

불 같은 마음으로

과연 나는 진정으로 그들을 위하고 있는가? 우리 모두가 스스로에게 던져야 할 질문입니다. 많은 세월 동안 주일학교 사역을 해 왔기 때문에 나는 여러분께 주일학교 교습에 대한 모든 것을 가르쳐 드릴 수 있습니다. 하지만 교실에서의 테크닉과 교습 방법은 학생들을 진정으로 위하는 마음이 없으면 헛된 것입니다.

모든 것은 마음으로부터 시작됩니다. 뼈 속에서 강하게 타고 있는 불 같은 열정이 없다면, 교습 경력이나 공부의 양은 아무런 의미가 없습니다. 기독교교육에 일생을 보낸 헨리에타 미어스라는 작가는 이렇게 말했습니다.

"학생이 새로운 것을 배우기 시작할 때에 비로소 교사는 교사가 된다."

아이들은 어떻게 배웁니까? 아이들이 말씀을 전하는 자를 사랑하면 그 말씀에 대해 마음이 열립니다. 그렇기 때문에 메시지를 전달하려 하기 이전에 관심과 사랑을 보여줘야 하는 것입니다. 아이들이 싫어하는 사람의 이야기를 듣지 않으려고 하는 것은 어쩌면 너무나도 당연한 일입니다.

성공적인 주일학교 프로그램은 수십 년 동안 잘 짜여진 학습 계획안에서 비롯되는 것이 아닙니다. 어떤 사람들은 학습 계획안이 마치 하나님께로부터 온 것인 양 마냥 귀하게 여기지만, 이런 학습 계획안 대부분은 학생들의 의견을 고려하지도 않은 채 쓰여지고 발행되고 있습니다.

나는 종종 말합니다. "아는 만큼 받아들인다"고. 무슨 말입니까? 당신이 진실을 말하든 그렇지 않든, 사람들이 당신을 믿으면 그것은 진실이 됩니다. 반대로 당신이 거짓말쟁이로 인식되어 있다면, 당신은 거짓말쟁이입니다. 텔레비전에 나와 죄에 대해서 말하던 성경의 권위자들 중 몇몇은 그들이 비판했던 그 죄에 빠져 지금 거짓말쟁이로 인식되고 있습니다. 그들이 지금 무엇을 말하고 있는지는 중요하지 않습니다. 이제 아무도 그들을 믿지 않기 때문입니다.

아무리 효과적이고 재미있는 학습지라도 불타는 마음이 있는 사람이 가르치지 않으면 새벽 4시에 공부하는 것처럼 따분할 뿐입니다. 가르칠 때에 그 가르침을 마음으로 느끼지 않으면 교실은 마치 장례식장 같이 고요해질 것입니다. 아이들에게 '하나님께서 말씀하시니'라고 가르쳐 줄 때에는 다른 사람을 위해 줄 수 있고 긍휼을 베풀 수 있는 자세가 준비되어 있어야 합니다. 우리의 마음 상태가 상대방의 마음과 태도를 좌우합니다. 우리가 그들을 돌보아 줄 준비가 되어 있지 않으면 그들은 우리의 말에 관심을 갖지 않습니다.

매주 열심히 준비한 학습내용과 말씀을 아이들에게 전할 때에는 시간을 신중히 쓰려고 노력해야 합니다. 그 시간이 천국과 지옥의 차이만큼 커다란 영향력을 미칠 수 있기 때문입니다.

조금 심하게 들릴지 모르겠지만, 최근 나는 기독교 교육자들에게 이렇게 말했습니다.

"아이들 가르치는 일을 생사를 걸 만큼 중요하게 여기지 않는 사람은 교사의 자격이 없습니다. 매일 교실에 십 분씩 늦는다면 사표를 써야 할 것입니다. 직장은 꼭 시간 맞추어 가면서 주일에는 꼭 지각하시는 분들이 있을 줄로 압니다."

이 말에 예외가 되는 교사는 미안하지만 존재하지 않습니다.

교사의 태도는 기독교 교육과 직접적으로 연결됩니다. 주일학교 선생님들은 자신들이 얼마나 사랑과 관심으로 아이들을 가르치고 있는지 점검해 볼 필요가 있습니다. 아이들이 교사의 진정한 사랑과 관심을 느끼지 못한다면, 교사의 지식이나 학습 내용은 귀에 들어오지도 않을 것입니다.

30년 동안 교사생활을 하고 감사패와 상장들이 벽을 장식하고 있다 해도 아이들을 향한 마음이 없으면 무슨 소용이 있겠습니까? 그들이 울 때 당신도 웁니까? 그들의 감정을 느낄 수 있습니까? 성경은 예수님께서 사람들의 약점을 감찰하실 뿐만 아니라 그 약점으로 인해 느꼈던 감정까지도 감찰하셨다고 말하고 있습니다.

지금 이 세상은 많은 교회들에서 벌어지는 게임 같은 일들에 지쳐가고 있습니다.

이 세상이 원하는 것은 한눈에 알아볼 수 있는 현실적인 것입니다. 기독교인으로서 우리는 사랑과 용서에 대해 배우고 아름다운 찬송가의 가사도 그럴듯하게 외웁니다. 사람들 앞에서 미소짓는 방법을 배웠고 관심을 표하는 방법도 배웠습니다. 너무 많이 반복하다 보니 하나님을 찬양하다가 하품하는 놀라운 현상도 벌어집니다. 문제가 여기에 있습니다. 그럴듯하게 하나님을 믿으며 겉치레만 번지르하게 하는 사람은 언젠가는 속마음이 탄로나기 마련입니다.

가식은 이제 한계를 맞이하였습니다. 주님께서 우리에게 분부하신 일들을 행하고자 진정으로 노력하지 않는 사람은 다른 사람이 그 일에 순종할 수 있도록 비켜나야 합니다.

세상은 우리를 주목하고 있습니다. 스캔들은 이미 목격했으니 이제는 진실된 것을 보기 원합니다. 상처로 인해 고통스러워하고 있는 아이는 긍휼히 여기는 사람, 또 자기에게 관심을 가져 줄 수 있는 사람을 간절히 찾고 있습니다. 마음과 마음이 통하는 그런 사랑을 찾고 있습니다.

아이들의 삶에 변화를 주기 위해 가르치고 있는가, 아니면 가르칠 사람이 없어서 억지로 가르치고 있는가를 깊이 있게 돌아보아야 합니다. 매주 진도는 꼬박꼬박 나가면서 학생과 대화할 시간을 만들지 못하는 교사가 있습니다. 많은 교사들이 아이들의 집을 방문하기는커녕 아이들에 대해서 잘 알지도 못합니다. 아이들의 집을 방문해 본 적도 없고, 결석했을 때 전화 한번 해보지 않고, 다른 아이들을 교실에 한번도 초대해 보지 않은 주일학교 교사에게 나는 이렇게 질문하고 싶습니다.

"정말로 그들을 위하고 있나요?"

토요일 밤 15-20분 동안 대충 학습 계획서를 써서 아이들을 가르치고 덮어 버리기엔 문제가 너무 큽니다. 지금은 학습 내용을 전달하기보다 아이들에게 사랑과 관심과 정성으로 다가가는 것이 시급한 때입니다. 수업을 가르치는 것보다 사람 구하는 일을 먼저 해야 합니다.

하나님의 특별한 사람 : 제자들, 그리고 베드로에게 말하라

어느 날 아침 로스앤젤레스에서 '인내'에 대한 설교를 마치고 나니 한 자매가 면담을 요청했습니다.

"포기하지 말라는 말씀 잘 들었습니다. 하지만 저는 인내하기가 거의 불가능한 상황에 처해 있습니다. 백혈병과 싸우고 있고, 4명의 어린 아이들이 있습니다. 내가 죽으면 내 아이들은 어떻게 됩니까?"

나는 의자에 앉아 같이 울었습니다. 그리고 기도드렸습니다. 내가 할 수 있는 것은 그것뿐이었습니다.

"주님, 하나님의 크신 팔로 이 가정을 안아 주시고 하나님의 사랑을 보여 주소서."

집으로 돌아오는 비행기 안에서도 이제 곧 엄마를 잃게 될 아이들 생각이 끊이질 않았습니다.

'누가 그들을 돌보아 주지? 그들을 위해줄 사람은 있나?'

하나님은 필요가 많은 사람들에게 특별한 관심을 보이십니다. 그러니 우리도 그런 사람들에게 특별한 관심을 보여야 합니다. 전에는 하나님께서 공평하게 모든 사람에게 동일하게 관심을 보이신다고 생각했었습니다. "하나님께서 외모로 사람을 취하지 아니하심이라"(롬 2:11)라는 성경 구절을 인용해서 그렇게 생각했던 것 같습니다.

예수님이 십자가에 못 박히시고 난 후에, 돌무덤에 묻히셨습니다. 그리고 셋째 날 막달라 마리아와 다른 사람들이 향품을 바르러 예수님의 시신이 안치되어 있는 무덤을 찾아갔습니다.

> 안식 후 첫날 매우 일찍이 해 돋을 때에 그 무덤으로 가며 서로 말하되 누가 우리를 위하여 무덤 문에서 돌을 굴려 주리요 하더니 눈을 들어 본즉 벌써 돌이 굴려져 있는데 그 돌이 심히 크더라 무덤

에 들어가서 흰 옷을 입은 한 청년이 우편에 앉은 것을 보고 놀라매 청년이 이르되 놀라지 말라 너희가 십자가에 못 박히신 나사렛 예수를 찾는구나 그가 살아나셨고 여기 계시지 아니하니라 보라 그를 두었던 곳이니라 막 16: 2-6

또 성경은 이렇게 기록하고 있습니다.

가서 그의 제자들과 베드로에게 이르기를 예수께서 너희보다 먼저 갈릴리로 가시나니 전에 너희에게 말씀하신 대로 너희가 거기서 뵈오리라 하라 하는지라 7절

여기서 주목해야 할 점은 베드로가 열두 제자 중 한 사람이었음에도 불구하고 특별히 베드로의 이름이 언급되었다는 것입니다. 여인들은 제자들에게 예수님의 부활 소식을 알릴 것을 천사들로부터 분부받았으되, 특별히 베드로에게 알릴 것을 분부받았습니다. 이것은 마치 하나님께서, "이 소식을 알릴 때에 베드로에게는 꼭 전해야 한다."라고 말씀하신 것과 같습니다. 하나님께서 왜 특별히 베드로의 이름을 부르셨을까요? 베드로가 특별대우를 받은 이유는 무엇일까요?

깨어진 약속

베드로는 혈기 왕성하고, 충동적이며, 성급한 성격의 소유자였습니다.

사람의 귀를 자르는 무모한 행동까지도 했던 사람입니다. 요 18:26 인간미가 넘쳐 사도들에게 사랑받았지만, 또다른 면이 있었습니다. 마음의 동요가 잦았습니다. 어떤 이들은 베드로에 대해 비겁하고, 변덕이 심하고, 비난받을 만한 인물이라고 말하고 있습니다.

베드로는 하나님과 약속은 많이 했지만 그 약속들을 지키지 못했습니다. 베드로는 예수님께, "주여 내가 주와 함께 옥에도, 죽는 데에도 가기를 각오하였나이다."눅 22:33라고 말하였으나 예수님은 베드로가 자기를 배반할 것을 알고 "베드로야, 내가 네게 말하노니 오늘 닭 울기 전에 네가 세 번 나를 모른다고 부인하리라."고 대답하셨습니다.

또 예수님께서 체포당하셨을 때 베드로는 멀리서 바라보고 있었습니다. 사람들이 뜰에서 불을 지피고 있을 때에 베드로는 더 가까이 다가가서 앉았습니다. 이때 한 사람이 불빛을 향하여 앉은 베드로를 보고 "이 사람도 그와 함께 있었느니라." 하니, 베드로는 예수님을 모른다고 부인하였습니다. 조금 후 다른 이가 베드로를 보고 "너도 그 당이라." 하니, 베드로가 말했습니다. "이 사람아 나는 아니다." 또 한 사람이 "이는 갈릴리 사람이니 참으로 그와 함께 있었느니라." 하니, 베드로가 다시 말합니다. "이 사람아, 나는 너 하는 말을 알지 못하노라." 그리고 닭이 울었습니다.

바로 이때 예수님이 뒤를 돌아 베드로와 눈을 맞추셨습니다. 베드로는 통곡하며 자리를 피했습니다. 이 제자는 예수님의 죽음에 대해 많이 아파했을 것입니다. 죄책감을 느꼈을 것입니다. 주님을 진정으로 사랑했기에, 예수님을 부인한 것으로 인해 괴로워했을 것입니다. 그는 그가 후회할 일을 했음을 스스로 알고 있었을 것입니다. 마리아가 예수님이 부활하셨다는 기쁜 소식을 알릴 당시 베드로는 다른 제자들과 한 방에 있었습니다. 소식을 들은 후 곧바로 무덤으로 뛰어간 사람은 바로 베드로였습니다. 이 내용은 누가복음에 기록되어 있습니다.

하나님은 특별히 베드로에게 예수님의 부활 소식을 알리기 원하셨습니다. 하나님은 "그에게 말하라. 오늘 그에게 꼭 알리라."고 말씀하셨습니다. 베드로는 그 어느 때보다 '그 순간에' 그 사실을 알 필요가 있었습니다.

예수님의 부활 소식을 들은 후 베드로는 자신을 완전히 변화시킨 영적 여정을 시작하게 되었습니다. 겸손하고 용감하고 확고한 믿음으로 하나님의 일을 할 수 있게 되었습니다.

우리도 베드로와 같이 주님의 특별한 관심이 필요할 때가 있습니다. 나야말로 그런 때가 참으로 많았고, 그때마다 주님께서는 나를 저버리지 않으셨습니다. "내 아이들은 어떻게 됩니까?"라고 물어 보던 로스앤젤레스 한 부인의 말도 역시 주님께서 듣고 계실 것이라고 확신합니다.

당신 같은 사람은 안 됩니다

우리 교회에서 멀지 않은 제퍼슨과 트라우트 가는 브루클린에서 가장 위험한 지역 중 하나입니다. 마약 거래가 왕성하고 성 매매가 깊이 자리잡고 있습니다. 나는 위험한 동네에 많이 살아 봤지만 이 지역은 위험에 한계가 없다는 것을 증명해 주고 있습니다.

어느 날 간사들과 함께 거리를 거닐고 있었는데 '길거리'에서 일하는 여자들이 우리가 메트로교회 사람들이라는 것을 알아보았습니다. 그들에게 주님에 대해 전하기 시작하자 한 여인이 이렇게 말했습니다.

"우리는 나쁜 짓을 너무 많이 했기 때문에 하나님은 우리를 용서해 주실 리가 없어요."

그녀의 친구도 거들었습니다.

"우리는 교회에 나갈 필요도 없어요. 희망이 없거든요."

용서를 받기에는 자신들의 죄가 너무나 크다고 생각하는 것이 눈에 보였습니다. 그러나 그보다 더 슬픈 일은 그런 생각을 가진 기독교인들도 아주 많다는 사실입니다.

오클라호마 주에서의 어느 주일 저녁, 나는 설교 준비를 한 뒤 예배당 뒤쪽에 앉아 성가대의 찬양 연습을 듣고 있었습니다. 그때 내 뒤의 문이 열리고 옷차림이 허름한 한 남자가 들어왔습니다. '이 사람이 거지가 아니면 이 세상의 거지는 다 죽은 거겠지.'라는 생각이 들 정도의 용모였습니다. 이 남자가 가방을 의자에 내려놓고 앉자마자 안내원이 들어와 이 남자와 어떤 얘기를 하기 시작했습니다. 짧은 대화가 끝나자 이 남자는 가방을 갖고 나가 버렸습니다. 나는 무슨 일이 벌어졌는지 궁금해서 교회 안내원에게 물었습니다.

"저 남자에게 뭐라고 했어요?"

"당신 같은 사람은 우리 교회에 올 수 없다고 말했습니다."

내게는 습관 같은 것이 하나 있습니다. 어딘가에서 말씀을 전해야 할 때에는 예배 시작 시간보다 여유 있게 교회에 도착해, 짐을 내려놓은 후 몇 분 동안 편한 옷(청바지, 티셔츠, 운동화) 차림으로 돌아다니는 것입니다. 이를 통해서 배운 것이 있습니다. 내가 낡은 옷을 입고 별로 중요한 사람처럼 보이지 않을 때에는 아무도 나에게 환영의 말이나 악수를 건네지 않습니다. 반면 양복과 넥타이를 맸을 때에는 나를 설교자로 알아보고 "축복합니다. 환영합니다"라는 인사를 건네 옵니다.

오직 양복을 입었는가 입지 않았는가의 차이일 뿐인데 전혀 다른 상황이 만들어집니다. 내가 양복을 입은 것이 그들의 비위에 맞았나 봅니다. 하지만 내가 아무리 말과 행동을 똑같이 하고, 똑같은 걸음으로 걷더라도 허름한 차림일 때에는 환영받지 않았습니다. 그들이 같이 있고 싶어 하지 않는 그런 겉모습을 하고 있었기 때문입니다.

하나님은 무엇을 보실까

피부색 때문에 반감을 사는 기분이 어떨지 생각해 본 적이 있습니까? 나는 우리 동네에서 몇 되지 않는 백인이기 때문에 경험에 빗대어 이야기할 수 있습니다.

처음 부시윅으로 이사 왔을 때 정말 많이 힘들었습니다. 사람들은 나에게 침을 뱉었고, 괴롭혔고, 욕이란 욕은 다 퍼부었습니다.

편견은 참 많은 모습으로 우리의 삶에 자리잡고 있습니다. 빈민촌에서 사는 동안 사람들의 편견에 대해 민감해져서 그것이 얼마나 큰 긴장감을 불러일으키는지 잘 알고 있습니다. 피부색이 다른 어린아이가 문화적인 차이로 인하여 놀림을 당하고 욕을 들을 때 그 기분이 어떨까 나는 헤아릴 수 있습니다. 어린이에게 사람들이 왜 자기를 싫어하는

지에 대해 이해시키거나 설명해 주는 것은 정말 마음 아픈 일입니다.

매주 다른 도시들을 돌아다니며 설교를 할 때마다 사람들은 늘 동족끼리만 어울리려고 하는 것을 봅니다. 자신과 같은 사람들과 있어야 편안함을 느끼고, 조금 다르거나 자신의 기준에 맞지 않는 사람들을 보면 판단하느라 바쁩니다.

브루클린에 '자격이 되는 사람들'을 위한 교회를 세운다면 그 교회의 문은 절대로 열리지 않을 것입니다. 우리의 제단은 하나님을 가장 필요로 하는 사람들의 눈물로 적셔져 있다는 것이 너무나 큰 위로가 되고 감사합니다.

작년 한 해 여러 명의 장년 교인들이 에이즈로 생을 마감했습니다. 에이즈 바이러스로 인해 서서히 목숨이 다해 가는 것을 보았습니다. 장례식을 치르기 전에 에이즈에 감염된 한 형제가 나에게 말했습니다. "빌 목사님, 저는 브루클린에 있는 교회 15곳을 가 봤습니다. 하지만 내가 에이즈 환자라는 사실을 알고는, 일제히 다시는 우리 교회에 오지 말라고 했습니다. 나를 받아 준 곳은 이 교회밖에 없습니다."

배고픔과 울부짖음

고층 아파트를 심방할 때면 우리는 늘 엘리베이터를 타고 맨 위층으로 올라가 한 층씩 걸어 내려옵니다. 한 아파트는 15층짜리였는데 어느 금요일, 12층에서 아이의 울음소리가 들려왔습니다. 내가 운전하는 버스를 타는 한 꼬마 남자아이가 문 앞에 앉아 엄마가 돌아오기를 기다리고 있었습니다. 그때 시각은 학교가 끝난 지 얼마 안 된 3시 30분이었습니다. 그 아이는 아무도 없는 데서 울고 있었습니다.

"왜 우니?"

내가 물었습니다.

"우리 엄마는 집에 없어요. 점심도 싸 주지 않았어요. 아무것도 먹지 못해 배가 고파서 어떻게 해야 할지 모르겠어요."

나는 그를 피자집으로 데려가 음료수와 피자 한 조각을 사주었습니다. 심방을 마치고 교회로 돌아갈 때까지 그 꼬마는 나를 그림자처럼 따라다녔습니다.

그의 엄마가 돌아왔을까 몇 분마다 전화를 걸어 본 끝에 밤 11시쯤에 통화를 할 수 있었습니다. 아이를 집에 데려다 주었을 때 아이의 엄마는 고맙다는 인사는커녕 아이에게 전혀 관심조차 보이지 않았습니다. 오히려 엄마의 무식함이 드러나게 만들었다며 아이의 뺨을 때리고 욕을 했습니다. 아이는 엄마 손에 끌려가면서도 나머지 한 손을 흔들며 말했습니다.

"사랑해요, 빌 목사님. 내일 주일학교에서 만나요."

아이가 울고 있을 때 우리는 무엇을 해야 합니까? 보호하고 관심을 주어야 합니다.

사우스 브롱스에 살고 있는 한 남자는, 아름답던 동네가 왜 이렇게 황폐하게 변했는지 나에게 설명해 주었습니다.

"요즘 사람들은 관심을 보이지 않아요. 원래 여기는 좋은 곳이었는데 사람들이 냉담해지면서 다시 회복할 수 없게 되어 버린 거죠."

사람들의 마음이 냉담해진다는 것은 빠른 속도로 모든 것을 파괴

시키는 전염병 같은 것입니다. 이것은 건물도, 가정도 허물어뜨리며 게토 밖으로도 확산됩니다. 교외에서도, 학교에서도, 교회에서도 이 전염병을 목격할 수 있습니다. 주위에 있는 사람들보다 자기 자신을 더 챙길 때 사회는 힘없이 무너지고 맙니다.

잘 알고 지내던 목사님 한 분이 최근에 돌아가셨습니다. 내가 영원히 잊지 못할 것은 그 교회 입구에 써 있던 문구입니다. 손 잡고 있는 여자아이와 남자아이 그림 밑에는 이렇게 쓰여 있었습니다.

"한 아이를 살리는 데 무엇이 필요한가?"

나이가 들면서 더욱 실감하는 것은 한 아이에게 다가가는 일은 돈으로 따질 수 없다는 것입니다. 한 아이를 구해서 하나님께로 인도하는 것은 우리 삶의 한 부분을 희생하지 않으면 불가능합니다.

너무나도 큰 축복을 받은 나라에서 수많은 사람들이 도움을 필요로 한다는 것이 믿기지 않을지도 모르겠습니다. 4십만 개도 넘는 교회가 자리잡고 있는 나라에서 도덕적 타락이 심하다는 것이 이해가 되지 않을 수도 있겠습니다. 루터가 비텐베르크 교회 문에 95개의 논제를 붙였던 그 종교개혁은 어디로 간 것일까요? 찰스 웨슬리와 존 웨슬리가 일으켰던 부흥의 물결은 어떻게 된 것일까요? 왜 이런 교파들로부터 나온 교회 중 하나님의 마음으로 불타는 교회들이 많지 않은 것일까요?

기독교인들이 관심을 갖지 않을 때 교회는 힘을 잃습니다. 삶의 안락함과 전통적인 것들만 추구하는 교회는 존재의 이유를 상실하게 됩니다. 그래서 오늘의 복음주의 교회들은 영혼 구원에 열정을 가져야 합니다. 이것이 교회에 대한 유일한 희망입니다.

교회의 게시판이나 팻말에는 "당신을 사랑합니다."라고 쓰여 있지만 겉모습이 별로 아름답지 않은 사람들이 옆에 앉으려 할 때에는 "당신을 사랑하지만 내 옆에는 앉지 말아 주세요."라는 식으로 태도가 바뀝니다. 많은 사람들은 죄책감이나 의무감으로 헌금을 합니다. 몸으로 사역에 동참하는 것보다 헌금함에 돈을 넣는 것이 훨씬 쉽기 때문입니다.

인도의 유명한 지도자 마하트마 간디는 죽기 전 이런 말을 했다고 합니다.

"내가 기독교인이 되지 않은 단 한 가지 이유는 바로 기독교인 때문이다."

참으로 슬픈 일이 아닐 수 없습니다. 왜냐하면 이것이 바로 우리의 현실이기 때문입니다.

이제 그만 거울에 비치는 가식적인 모습을 지워야 합니다. 그리고 하나님의 탐조등을 우리의 심장에 비추어 달라고 기도해야 합니다. 사역의 동기가 무엇인지 다시 한 번 스스로에게 물어야 할 것입니다. 찬사를 받기 위해 사역에 뛰어들었는가, 아니면 진정으로 잃어버린 영혼에 대해 아파하는 마음이 있어서인가?

주님은 한 사람에게 온 세계를 구하라고 명하지 않으셨습니다. 주님은 우리의 관심과 사랑이 필요한 한 영혼을 돌보는 일을 더 중요하게 여기십니다. 우리는 빈민가에 섬김을 받으러 온 것이 아니라 섬기러 온 것입니다.

정말 도움이 될까?

호주에 있는 한 바닷가에 가면 일 년에 몇 차례 수천 마리의 불가사리가 모래사장으로 밀려 나오는 것을 볼 수 있습니다. 밤에, 만조 때에, 큰 파도가 불가사리들을 바닷물이 다시 닿지 못하는 모래사장 깊숙한 데까지 몰고 나옵니다. 태양이 뜨겁게 불가사리 위에 내리쬐면 그들은 서서히 말라 가면서 죽습니다.

어느 아침 한 여행객이 조깅을 하러 새벽에 호텔에서 나왔습니다. 바닷가를 지나가는데 어린아이가 불가사리들을 집어서 바다에 다시 넣는 모습이 보였습니다. 그 수천 마리의 불가사리들을 살리는 것이 불가능해 보여 아이에게 말했습니다.

"네가 왜 불가사리들을 바다에 다시 넣으려는지 알 것 같다. 하지만 여기엔 수천 마리가 있지 않니. 네가 하는 일이 정말 불가사리에게 도움이 될까?"

그 아이는 대답했습니다.

"모르겠어요. 그러나 그 하나에게는 도움이 되겠죠."

그러고는 또 하나의 불가사리를 집어 바다에 던졌습니다.

주님께서는 한 사람에게 진정한 관심을 보일 수 있는 이런 아이와 같은 사람들을 찾고 계십니다. 하나님은 이런 사람들을 특별하게 보십니다. 예수님께서 재림하실 때에 대한 예언을 살펴보겠습니다.

> 인자가 자기 영광으로 모든 천사와 함께 올 때에 자기 영광의 보좌에 앉으리니 모든 민족을 그 앞에 모으고 각각 구분하기를 목자가

양과 염소를 구분하는 것같이 하여 양은 그 오른편에, 염소는 왼편에 두리라 마 25: 31-33

무슨 기준에 의해 분별됩니까?

그때에 임금이 그 오른편에 있는 자들에게 이르시되 내 아버지께 복 받을 자들이여 나아와 창세로부터 너희를 위하여 예비된 나라를 상속받으라 내가 주릴 때에 너희가 먹을 것을 주었고 목마를 때에 마시게 하였고 나그네 되었을 때에 영접하였고 헐벗었을 때에 옷을 입혔고 병들었을 때에 돌보았고 옥에 갇혔을 때에 와서 보았느니라 마 25 : 34-36

성경에는 의인들이 이렇게 대답할 것이라고 말합니다.

주여 우리가 어느 때에 주께서 주리신 것을 보고 음식을 대접하였으며 목마르신 것을 보고 마시게 하였나이까 어느 때에 나그네 되신 것을 보고 영접하였으며 헐벗으신 것을 보고 옷 입혔나이까 어느 때에 병드신 것이나 옥에 갇히신 것을 보고 가서 뵈었나이까 마 25 : 37-39

그때 주님은 이렇게 대답하실 것입니다.

내가 진실로 너희에게 이르노니 너희가 여기 내 형제 중에 지극히 작은자 하나에게 한 것이 곧 네게 한 것이니라 하시고 또 왼편에 있는 자들에게 이르시되 저주를 받은 자들아 나를 떠나 마귀와 그 사자들을 위하여 예비된 영원한 불에 들어가라 내가 주릴 때에 너희가 먹을 것을 주지 아니하였고 목마를 때에 마시게 하지 아니하였고 나그네 되었을 때에 영접하지 아니하였고 헐벗었을 때에 옷 입히지 아니하였고 병들었을 때와 옥에 갇혔을 때에 돌보지 아니하였느니라 하시니 마 25 : 40-43

그들도 대답하여 이르되 주여 우리가 어느 때에 주께서 주리신 것이나 목마르신 것이나 나그네 되신 것이나 헐벗으신 것이나 병드신 것이나 옥에 갇히신 것을 보고 공양하지 아니하더이까 이에 임금이 대답하여 이르시되 내가 진실로 너희에게 이르노니 이 지극히 작은 자 하나에게 하지 아니한 것이 곧 내게 하지 아니한 것이니라 하시리니 그들은 영벌에, 의인들은 영생에 들어가리라 하시니라

마 25 : 44-46

나에게 84센트가 있어요

교회 옆에 살면서 주일학교에 참석하는 한 아이가 있습니다. 그의 엄마는 슈퍼 앞을 자주 서성거리는 마약 중독자입니다. 열 번째 생일이 되기 몇 주 전, 그 아이가 교사들에게 물었습니다.
"내가 열 살이 되면 생일파티를 열어 줄 수 있어요?"

이 아이는 한 번도 생일파티를 해 본 적이 없었기 때문에 온통 그 생각에 사로잡혀 있었습니다.

어느 오후, 그가 들뜬 얼굴로 사무실에 들어와 버스 팀장 중 한 사람에게 "자, 이것 좀 보세요!"하며 1센트짜리 동전을 산더미처럼 쏟아부었습니다.

"84센트나 모았어요! 이거면 파티를 열 수 있겠죠?"

몇 주 동안 길거리에 떨어져 있는 1센트짜리 동전을 주우러 다녔다고 합니다.

우리는 주스와 컵케이크 몇 개를 사고, 샌드위치를 만들어 파티를 열었습니다. 색종이 테이프로 벽을 장식하고 'Happy Birthday' 노래를 불러 주었습니다.

당시에 우리 교사 중 몇 명이 삶의 어려운 일을 겪고 있었습니다. 어쩌면 아이의 부탁에 "안 돼. 시간이 없어. 그건 바보 같은 생각이야. 제대로 못 할거면 아예 하지도 말자."라는 말을 하는 편이 훨씬 수월했을지도 모릅니다. 이 파티가 이 아이에게 얼마나 소중한 의미가 있었는지 깨달은 교사들 몇 명의 눈에 눈물이 고였습니다.

나중에 나는 버스 팀장에게 물었습니다.

"왜 파티를 열어 주겠다고 약속했어요?"

그는 이렇게 대답했습니다.

"누군가는 해 줘야지요."

누군가가 행동에 옮겼습니다. 누군가 그 아이에게 관심을 보여 준 것입니다.

메트로의 사역자들은 무대와 음향, 각종 장치들을 가지고 거리로 나가 복음을 전한다.
이 트럭은 말씀을 전하기 위해 특별히 제작된 것이다.

일주일 중 가장 신나는 시간

여행은 자신의 근원에 자신감을 가져다 주고
마음에는 평화를 가져다 준다.
데이비드 리빙스톤(1813-1873, 스코틀랜드의 의료선교 개척자)

"왜 주일학교의 참석률이 계속 떨어지고 있죠?"

일리노이 주의 한 목사에게 물었습니다. 그 질문을 그에게 처음 한 것은 아니었습니다. 지난 몇 년 동안 수백 명의 목사와 기독교 지도자들에게 같은 질문을 해 왔습니다. 나는 주일학교 참석률이 급속히 떨어지는 이유를 알고 싶었고, 다음과 같은 해답을 찾을 수 있었습니다.

첫째, 주일학교 사역자들이 아이들을 끌어모으는 데 더 이상 관심이 없기 때문입니다.

이것은 전통적인 교회나 복음주의 교회, 은사주의 교회를 막론하고 다 그렇습니다. 주일학교의 규모가 커질수록 새로운 아이들을 끌어모으는 데 헌신적으로 시간과 열정을 쏟아부어야 합니다. 그런데 많은 교회들이 가족 단위로 긴밀하게 목회를 꾸려나갈 것인지, 아니면 적극적으로 새로운 신자들을 모을 것인지에 대해 내부적으로 큰 갈등을 겪고 있습니다. 그리고 안타깝게도 '우리끼리가 좋아'라는 쪽으로 많은 목사님들이 생각을 바꾸고 있습니다.

주일학교 참석률이 떨어지는 두 번째 이유는 수업 내용이 적절하지 않기 때문입니다.

더 이상 아이들의 삶과 아무 상관없는 주제로 1시간 동안 그들의 관심을 끄는 것은 불가능합니다. 그런 지루한 수업 방식은 더 이상 효과가 없습니다.

오늘날 아이들은 모든 것이 빠르게 움직이는 영상 시대에 살고 있습니다. 뮤직 비디오의 장면도 1~3초 사이 빠르게 바뀝니다. 컴퓨터와 스마트폰이 사람들의 눈과 귀와 손을 점령하고 있습니다.

그렇다고 막대한 자금을 들여 만들어내는 상품과 정면 대결을 해야 한다는 말은 아닙니다. 하지만 적어도 우리의 취지와 설교에 맞는 수업은 만들어야 합니다. 즉, 창조성이 있어야 한다는 뜻입니다. 만약 학생 다섯 명에게 다음 주 수업 내용에 관해 3분 동안 발표할 준비를 해 오라고 하면 어떻게 될까요? 학생들은 열심히 예습을 할 뿐 아니라 수업 시간에도 전혀 한눈 팔지 않고 집중할 것입니다.

요즘 아이들은 우리 세대가 전혀 생각하지도 못했던 질문과 문제에 둘러싸여 있습니다. 이를테면 '태아는 언제부터 인간이라고 할 수 있는가? 잉태한 순간? 임신 2주? 아니면 태어난 후?'와 같은 질문들 말입니다. 뉴욕의 초등학교 1학년 아이들은 동성애자란 무엇이며 그들의 생활 방식은 어떠한지와 함께 동성애도 '사랑의 일종'이라고 배웁니다. 나이가 어릴수록 우리 세대의 사고방식을 받아들이지 않습니다. 이것은 학교나 미디어, 또래와의 대화에서도 마찬가지입니다. 아이들은 교회에서 이혼이나 에이즈를 비롯해 요즘 시대에 맞는 주제로 대화를 나누고 싶어 합니다.

요즘 아이들은 우리 세대가 불과 몇 년 전에야 상상할 수 있었던 문제로 고민합니다. 한 예를 들어 보겠습니다.

10대 후반 아이들 몇 명이 브루클린의 니커보커 가에서 동화책에 들어 있는 스티커에 코카인 가루를 발라 놓은 일이 있었습니다. 그 스티커는 아이들이 침을 발라 붙이도록 되어 있었습니다.

그 책을 산 아이들이 속속 인근의 병원으로 실려가기 시작했습니다. 아이들은 심각한 약물 과다 복용으로 갖가지 부작용을 보였습니다. 다행히도 경찰은 그 문제를 일으킨 청소년들을 찾아 체포했습니다.

내가 어렸을 때만 해도 그런 일은 걱정할 필요가 없었습니다. 하지만 이것은 메트로교회 아이들이 일상생활 속에서 숱하게 겪는 일 중 하나일 뿐입니다.

이 동네에서는 11살, 12살짜리 여자 아이들이 성관계를 갖고 임신까지 합니다. 그야말로 아이가 아이를 낳는 셈입니다. 부모가 자신들의 딸조차 제대로 보살피지 못하고 있는데 하물며 그 딸이 낳은 자식은 어떻겠습니까? 누구도 이들에게 나아갈 길을 밝혀 주지 않습니다.

우리는 그동안 현실에 민감하다고 자부해 왔습니다. 하지만 실은 그렇지 않습니다.

아직도 대부분의 교회에서는 누구도 묻지 않는 질문에만 대답하고 있습니다. 그동안 많은 사람들이 폭력적이고 비극적이라는 이유로 우리의 교과 과정을 비판했습니다. 하지만 인생에 어찌 행복한 결말만 있겠습니까? 그게 바로 현실이지요.

주일학교 참석률이 떨어지는 이유는 또 있습니다.

"우리에겐 장기 계획이 없어요. 여전히 주일학교를 운영하고는 있지만, 교육적이거나 영적인 목표는 없습니다."

클리블랜드의 한 주일학교 교사가 내게 한 말입니다.

이것은 "길은 잃었지만, 전보다 두 배 빨리 걸으니까 상관없어."라고 말하는 것과 같습니다. 누구나 노력을 기울인 만큼 성공하고 싶어 하지만, 목표와 그것을 이루는 방법은 알지 못합니다.

하지만 주일학교 참석률이 떨어졌다는 것을 핑계로 아이들에게 복음을 전하려는 의지가 약해져서는 안 됩니다. 주일학교 참석률이 떨어지는 이유는 얼마든지 더 떠올릴 수 있지만, 한 가지 변하지 않는 사실이 있습니다. 우리 아이들에게는 삶의 토대가 되어줄 도덕과 윤리, 영적 훈련을 위한 종교 교육이 절실하게 필요하다는 사실입니다.

교회가 재미있을 수 있을까?

"다른 곳은 모두 주일학교 출석률이 떨어지고 있는데, 어째서 메트로교회는 그 수가 계속 늘어나죠?"

나는 그동안 이 질문을 수없이 받아 왔습니다.

이유는 많지만, 무엇보다 분명한 이유는 이렇습니다. 우리는 주일학교가 아이들에게 일주일 중 가장 신나는 시간이 되어야 한다고 생각합니다. 장소와 시간에 관계없이 말입니다. 꼭 주일에 교회에서 주일학교를 열어야 한다는 법은 없습니다. 그보다 중요한 것은 최선을 다해 준비해서 최고의 시간으로 만들어야 한다는 사실입니다.

우리는 '주일학교'라는 말을 들어 본 적도 없고 예수님의 존재도 알지 못했던 수천 명의 아이들을 불러모았습니다. 그러고는 완전히 처음부터 시작해야만 했습니다.

사람들은 또 나에게 묻습니다.

"빌 목사님, 주일도 아니고 토요일날 하는 건데 왜 주일학교라고 부르시죠?"

나는 주일학교라는 말이 정신적이면서도 교회와 관련된 것을 포괄적으로 상징한다고 생각합니다. 우리 사이드워크 주일학교 프로그램은 주중에 실시됩니다. 참가자들은 주일학교가 무슨 요일에 열리는지 걱정하지 않습니다. 그들이 주일학교에 오는 이유는 즐거운 시간을 보낼 수 있음을 알기 때문입니다.

우리 동네 아이들이 매주 교회 버스가 오기만을 손꼽아 기다리는 이유가 있습니다. 앞으로 한 시간 삼십 분 동안 보고 듣게 될 것들이 일주일 중에서 가장 신나는 일이 되리라는 사실을 알기 때문입니다.

주일학교가 재미있어야 한다는 내 생각에는 변함이 없습니다. 왜 우리 아이들이 직접 겪어 보기도 전에 교회가 지루하다고 생각하면서 자라야 합니까?

우리는 자극적인 분위기 속에서 아이들에게 복음을 전달합니다. 주로 전자 기계의 힘을 빌리는 때가 많습니다. 재미있습니다. 하지만 아이들은 하나님의 말씀을 듣는 시간이 되면 매우 조용하고 순종적으로 변합니다. 우리는 아이들의 집중력에 한계가 있다는 사실을 잘 압니다. 그래서 최고의 효과를 얻기 위해서 매주 신중하게 주제를 선별하고 말 한 마디에도 신경을 씁니다. 우리는 5~6가지 방법으로 하나의 주제를 설명합니다. 표현 방식만 다를 뿐 그 안에 들어 있는 핵심은 똑같습니다. 아마 당신은 이렇게 말할지도 모릅니다.

"우리 교회는 너무 작아서 그런 프로그램을 따라 하기는 역부족입니다."

대형 스크린과 라이브 밴드로 아이들의 관심을 사로잡으라는 말이 아닙니다. 모든 것은 상대적입니다. 주일학교를 일주일 중 가장 신나는 시간으로 만들기 위해서는 아이들에게 무엇을 보여주느냐가 중요합니다. 만화 주인공으로 변장한 모습만 보여줘도 아이들은 엄청난 반응을 보일 것입니다. 그러면 거기에 여세를 몰아 다양한 아이디어를 추구하는 것입니다.

나는 지금까지 전국의 소규모 교회에서 봉사하는 주일학교 교사들에게서 주일학교를 회생시킨 방법을 설명한 편지들을 많이 받아 보았습니다.

죄 근처에서 놀지 말아라

우리 메트로교회 주일학교에서는 매주 간단한 주제를 바탕으로 수업 내용을 정합니다. 우리는 아이들에게 주제의 핵심을 이해시키기 위해서 최선을 다합니다. 아이들이 그것을 실생활에서 늘 기억하고 응용하도록 확실한 사례에 적용시켜 설명하는 것을 목표로 삼습니다.

몇 주 전에는 '죄에 가까이 가지 말라'는 주제로 수업을 진행했는데, 우리는 아이들에게 비디오 프로젝터로 고래 주변에서 놀고 있는 바다사자의 모습을 보여주었습니다. 갑자기 고래가 나타나 재미있게 놀고 있는 바다사자 한 마리를 삼켜 버렸습니다. 나머지 바다사자들은 그 후에도 고래 주변에서 계속 헤엄치며 놀았습니다.

우리는 그 장면을 보면서 아이들에게 말했습니다.

"친구들, 죄 근처에서 놀면 죄가 여러분을 공격해요."

그 다음에는, 조그만 괴물이 자신에게 가까이 오는 것은 무엇이든지 먹어 삼키는 '팩 맨Pac Man'이라는 게임을 보여주었습니다. 아이들은 그것을 보고 우리가 전하려는 메시지가 무엇인지를 이해했습니다.

나는 거리의 아이들이 잘 아는 것을 이용해서 메시지를 전합니다.

"남자애 둘이 지붕 위에서 놀고 있었어요. 이 쪽 지붕에서 저 쪽 지붕으로 뛰어넘기를 하면서 말이지요. 처음에는 재미있겠지만, 얼마 동안이나 그럴 수 있을까요? 한 명이 지붕 사이를 못 넘고 떨어지면 끝이 나는 거예요. 떨어지면 죽는 거니까."

마지막으로, 마약 파는 일을 하면 결국 어떤 상황에 처하게 되는지에 대해 말해 주었습니다. 나는 예배를 끝마치는 기도를 하면서 아이들에게 따라 하라고 했습니다.

"저는 죄 근처에서 놀고 싶지 않습니다. 저는 우리 동네 사람들처럼 살고 싶지 않아요. 오늘 제가 배운 것을 기억할 수 있도록 도와주세요. 저는 예수님 가까이 가고 싶습니다. 저를 위해 돌아가신 예수님,

저는 예수님을 위해 살고 싶습니다. 아멘."

눈에 보이는 것

우리는 언제나 구체적인 물건을 이용해서 핵심을 설명합니다. 인간이 배우는 것 가운데 83%는 시각을 통해 이루어진다고 합니다. 그래서 아이들에게 무엇을 설명할 때는 그와 관련된 것을 직접 보여주는 것이 중요합니다. 아이들에게 투명한 액체가 담긴 컵 두 개를 보여주면서 말합니다.

"어때요, 보기에는 같아 보이지요? 하지만 하나는 물이고 하나는 식초랍니다. 악마는 이렇게 교묘한 방법으로 우리를 속입니다."

노아의 방주에 관해 설명할 때는 닌자 거북이 그림으로 아이들의 관심을 끕니다.

우리는 구약 성서에 나오는 선지자를 본떠 만든 G.I 조엘을 비롯해서 수백 가지가 넘는 짧은 연극들을 직접 만들었습니다. 나는 아이들이 주일학교에서 배우는 주제를 눈으로 직접 보고 확실히 기억하기를 바랍니다.

우리는 몇 주 동안 똑같은 주제를 갖고 시리즈로 가르치기도 합니다. 한 예로 언젠가는 '건설하는 삶'이라는 주제를 시리즈로 가르친 적이 있습니다. 미완성처럼 보이는 무대 장치를 만들고 부원들은 플라스틱으로 된 안전모를 썼습니다. 그리고 다른 주에는 커다란 판지 조각으로 만든 벽돌에 각각 단어를 써놓고 그것을 맞추는 일을 했습니다.

전 주에 배운 주제를 가장 빨리 외우는 어린이는 상을 받습니다.

"여러분, 지난 주에 배운 주제가 뭐였죠?"

내가 이렇게 물으면 조그만 여자 아이 또는 남자 아이가 무대에 뛰어올라와 마이크에 대고 말합니다.

"먹이를 주는 것은 살고, 굶기는 것은 죽는다입니다."

"맞아요. 아주 잘 했어요!"

이렇게 아이를 칭찬해 주고 조그마한 선물을 줍니다. 이것은 아주 효과적인 동기 부여 방법입니다.

우리는 매주 새로운 시도를 합니다. 매주 다양한 대회와 성경 퀴즈 게임을 준비하고 새로운 성경 말씀을 외웁니다.

부활절이나 추수감사절 같은 특별한 날에는 그 행사와 관련된 메시지를 전합니다. 지난 어버이날에는 메트로교회에서 만든 특별 카드를 아이들 편에 보냈습니다.

그날 나는 어머니가 어떤 행동을 하든지 사랑해야 한다는 주제로 설교를 했습니다. 그리고 아이들에게 이렇게 말했습니다.

"선한 것은 사랑하고 악한 것은 무시해야 합니다. 그리고 예수님의 품으로 어머니를 이끄는 데 최선을 다하도록 하세요."

그날 주일학교가 끝나고 사역자 한 명이 여자 아이 하나가 울고 있는 모습을 발견했습니다. 어머니가 하나님을 모른 채 지난 주에 총에 맞아 세상을 떠났다고 합니다. 그날 우리는 특별한 사랑으로 그 아이를 보살폈습니다.

메시지의 핵심은 주제에 상관없이 똑같을 때가 많습니다.

1. 예수님은 어떤 분이신가?

2. 악마는 어떤 존재인가?

3. 이 동네 사람들이 이렇게 살고 있는 이유는 무엇인가?

4. 이 동네 사람들처럼 살고 싶지 않다면 예수님을 구세주로 받아들여야 한다.

아이들에게 이러한 것을 매주 가르치고 또 가르칩니다.

우리는 복음을 전할 때 하나님의 사랑에 중점을 둡니다. 이 동네 사람들은 자신들이 죄 안에서 살고 있다는 사실을 굳이 듣고 싶어 하지 않습니다. 스스로 그 사실을 너무나 잘 알기 때문입니다. 그들은 우리가 이렇게 말해 주기를 바랍니다.

"당신이 과거에 무슨 일을 했든 하나님은 당신을 사랑하시며 언제든지 용서할 준비가 되어 있으십니다."

우리 주일학교에서는 종교에 관한 것만 가르치지는 않습니다. 이 동네에는 아직 인생의 기본적인 가치에 대해서 배우지 못한 아이들이 많습니다. 그래서 아이들에게 노동의 가치, 글쓰기와 읽기, 대화 방법과 목욕 방법을 가르치고 사회성을 지도하는 특별 수업 시간을 마련하기도 합니다.

아이들은 교회와 이 나라가 모두 하나님의 말씀 아래 세워졌다는 사실을 알아야 합니다. 십계명과 황금률(Golden Rule. 마태복음 7장 12절과 누가복음 6장 31절에 나오는 말씀으로 흔히 '남에게 대접받고자 하는 대로 너희도 남을 대접하라'로 요약함-역주)은 역사책에 나와 있지 않지만 그것을 일상생활에서 실천하는 것은 매우 중요합니다.

인생의 중요한 교훈은 어렸을 때 배워야 합니다. 저는 로버트 풀검이 쓴 〈내가 정말 알아야 할 것은 유치원에서 배웠다〉라는 책을 무척 좋아합니다. 유치원에서는 '나눠 가져라, 사이좋게 놀아라, 남을 때리지 마라, 물건을 쓰고 나서 제자리에 갖다 두어라' 같은 기본적인 것들을 가르칩니다.

우리는 아이들에게 '주위 사람처럼 되지 말아라. 너희들도 인생의 성공자가 될 수 있다. 마음만 먹으면 무엇이든지 이룰 수 있다'라는 생각을 심어 주려고 애씁니다. 그리고 그것을 가능하게 만드는 분은 예수님이라고 말합니다.

"아무도 없다고 느껴질 때에도 예수님은 너희들 곁에 계신다."라고 말입니다.

오늘날의 우상

살아 있는 메시지는 엄청난 영향력을 가집니다.

언젠가 십계명 가운데 하나인 우상 숭배에 관한 주제로 수업을 진행했던 때가 생각납니다. 우리는 우상 숭배가 수 세기 동안 이스라엘인들이 고민했던 문제일 뿐 아니라, 오늘날 우리가 헤쳐 나가야 할 문제이기도 하다는 사실을 아이들에게 이해시키고자 했습니다.

우리는 무대 중앙에 커다란 십자가를 세웠습니다. 아이들 여럿이 십자가 앞에서 무릎 꿇고 기도를 하고 있습니다. 나는 청중을 보면서 말했습니다.

"살다 보면 주님 앞에 우상 같은 물건을 내보일 때가 있습니다."

아이들은 한 명씩 일어나 자신들이 하나님보다 중요하다고 여겼던 물건들을 가지고 나왔습니다.

첫 번째 아이는 텔레비전을 십자가 앞에 놓고 무릎을 꿇었습니다. 나는 말했습니다.

"이 소녀는 주님 앞에 텔레비전을 갖다 놓았습니다. 만약 보고 싶은 프로그램이 있는 날은 교회에 나오지 못하겠죠."

다음으로 한 소년이 닌자 거북이 포스터를 들고 와서 그것을 십자가에 걸었습니다. 한 아이는 화려한 옷을 가지고 나왔습니다.

아이들은 자신들이 삶에서 중요하다고 여겼던 물건들이 십자가를 가득 덮고 있는 모습을 보았습니다. 그 효과는 대단했습니다. 지금까지 자신이 섬겼던 것들이 주님을 하나도 기쁘게 하지 않는다는 사실을 깨달은 것입니다. 자신들이 주님을 가장 중요하게 여기지 않았다는 사실을 말입니다.

그 순간 우리가 전하고 싶은 메시지가 어린이들 하나하나의 가슴 속 깊은 곳으로 파고드는 것을 느꼈습니다. 마치 그들의 마음 속에 반짝하고 불이 켜진 것 같았습니다.

'그래, 저게 바로 나야. 내가 저렇게 살고 있었어!'

갑자기 거룩한 분위기가 실내를 가득 메웠습니다. 아이들은 자신의 죄를 깨닫고 나서 하나님의 존재를 느꼈습니다. 그것은 하나님의 음성을 직접 들은 아이들의 삶이 영원히 바뀌는 순간이었습니다. 이것은 부흥 집회가 아니라 메트로교회 주일학교의 예배 모습입니다.

많은 방문객들이 메트로교회를 찾아 예배당 뒤에 서서 예배를 참

관합니다. 그들에게 의자라도 내주고 싶지만, 의자는 더 중요한 손님들의 몫입니다. 바로 버스를 타고 교회에 오는 어린이들이지요.

방문객들은 세계 각지에서 찾아옵니다. 그들은 자주 이런 질문을 합니다.

"어떻게 매번 이렇게 하죠?"

주일학교 수업을 하루 진행하는 데 얼마나 대단한 열정이 필요한지를 보고 묻는 말입니다.

사실 주일학교 사역은 무척 힘든 일입니다. 심신이 모두 지치기 일쑤입니다. 사역자들은 하루 종일 편하게 앉아 연필을 깎거나 서류를 정리할 처지가 못 됩니다. 버스도 청소해야 하고 주일학교 수업에 사용할 무대 장치도 만들어야 하며 어린이들의 가정도 방문해야 합니다.

그렇다면 도대체 이러한 의욕과 열정은 매일같이 어디서 나오는 것일까요? 우리는 이 사역을 계속할수록 아이들의 미래가 우리 손에 달려 있다는 사실을 실감하게 됩니다. 또한 사역의 성과가 나타나는 것을 보면 더 큰 노력을 쏟고 싶은 마음이 생깁니다. 비록 별다른 성과가 나타나지 않더라도 기독교인으로서 헌신하고자 하는 마음이 있기에 묵묵히 열정을 쏟습니다.

미국 전역에서 개최하는 세미나에 기면 참석한 사람들이 내게 묻습니다.

"목사님같이 특별한 사역을 시작하려는 사람들에게 꼭 해주고 싶은 말씀이 있습니까?"

이 사역을 발전시키는 데 필요한 기본 법칙을 소개하겠습니다. 대부분은 내가 오랜 시간에 걸쳐 힘들게 깨달은 것들입니다.

217

첫 번째 법칙 : 자신의 장점에 기대라.

나는 어릴 때 이런 말을 자주 들었습니다.

"빌, 넌 네 약점을 고쳐야 돼."

나는 그렇게 하려고 노력했지만 잘 되지 않았습니다. 물론 몇 가지 일을 조금 더 잘 하게 되긴 했지만, 인생에 커다란 변화가 생긴 것은 아닙니다. 그렇게 내 인생에 맞지 않은 일에 몰두하면서 시간을 보냈습니다.

그러던 어느 날 내 장점을 발견하게 되었습니다. 그것은 바로 어린 아이들과 대화를 하는 능력이었습니다. 내가 가장 잘 할 수 있는 일에 몰두하자 놀라운 결과가 나타나기 시작했습니다.

나는 여러 가지 재능을 가진 사람이 아닙니다. 내가 가진 재능은 세 가지도 되지 않습니다. 하지만 내가 잘 할 수 있는 일은 분명히 있습니다. 기독교 지도자들에게 이렇게 말한 적이 있습니다.

"최고의 주일학교 교사를 꼽는다면 저는 아마 몇 손가락 안에 들 겁니다."

이 말이 무례하게 들릴 수도 있습니다만, 지금까지 최고가 되기 위해서 열심히 노력했기 때문에 자신 있게 말할 수 있습니다. 2등으로는 만족할 수 없습니다. 그렇다고 스스로의 잘못과 결점을 무시해야 한다는 뜻일까요? 절대 그렇지 않습니다. 하지만 어느 정도 균형을 이루어야 한다고 생각합니다.

하나님께서 주신 재능을 출발점으로 삼으십시오. 그리고 나서 자신의 가장 뛰어난 장점을 발견해 그 방면에 관한 한 세계적인 일류가 될 수 있도록 노력하십시오. 약점은 얼마든지 개선할 수 있지만, 자신이 약한 분야에만 연연해한다면 절대 최고가 될 수 없습니다.

자신의 장점에 기대어, 개선해야 할 분야가 무엇인지 철저하게 분석해야 합니다. 즉, 자신의 약점이 의욕을 떨어뜨리는 원인이 되지 않도록 만들어야 합니다.

고향으로 돌아가 목회를 시작한 젊은이들이 스승을 그대로 흉내내는 모습을 보면 참 안타깝습니다. 과연 그렇게 해서 무슨 효과가 있을까요? 우리는 타인이 가진 능력을 전부 흉내낼 수 없습니다. 다시 말해서 우리에게는 저마다의 특별한 능력이 있습니다.

나는 전세계에서 가장 훌륭한 주일학교는 아직 탄생하지 않았다고 생각합니다. 그렇기 때문에 누군가가 최고의 주일학교 수업을 만드는 데 도전해야 할 것입니다.

두 번째 법칙 : 미련한 자와 어울리지 마라.

잠언 14장 7절과 9장 8절에는 우리가 가급적 가까이 하지 말아야 할 사람들에 관한 이야기가 나옵니다.

미련한 사람의 주변에 있으면 아주 위험합니다. 하나님의 나라를 위해 무언가를 하고 싶다면 그런 사람들과 어울려서는 안 됩니다. 잠언 13장 20절에는 주변 사람을 보면 그 사람을 알 수 있다는 사실이 분명하게 나타나 있습니다.

세 번째 법칙 : 평판보다 품성이 중요하다.

예일대학이 기독교 학교로 알려져 있던 초창기 때, 총장 티모시 드와이트는 학내에 화학부를 설치해야겠다고 생각했습니다. 당시 세계적으로 유명한 화학자들은 대부분 유럽 출신이었기 때문입니다.

그는 학적부를 들춰보다가 벤자민 슐리만Benjamin Sulliman이라는 학생의 기록을 발견했습니다. 슐리만은 성적이 매우 뛰어났을 뿐 아니라 품성이 올바르고 성실한 학생이었습니다.

총장은 그를 불러서 말했습니다.

"장학금을 줄 테니 유럽에 가서 화학을 공부하고 와서 우리 학교 학생들에게 가르쳐 주게."

그러자 슐리만이 대답했습니다.

"전 화학에 대해서 전혀 모릅니다."

"그건 상관없네. 필요한 지식은 얼마든지 배울 수 있어. 그게 학문의 기본이지. 자네 같은 인재가 우리 학교에서 교편을 잡아야 하네."

즉, 사람의 능력보다는 품성이 중요하다는 말입니다.

내가 목사 안수를 받는 날이었습니다.

길을 나서려는데 한 가지 문제가 생겼습니다. 그 전날, 하나밖에 없는 구두를 교회 버스 안에 두었는데 누군가 그것을 훔쳐간 것입니다.

나는 할 수 없이 양복 차림에 낡아빠진 운동화를 신고 교구장 사무실을 찾았습니다.

교구장과 악수를 하면서 그의 시선이 내 발로 향하는 것을 보았습니다. 가뜩이나 긴 머리도 문제인데 신발까지 한 몫을 할 판이었습니다.

"빌 목사님, 평판은 머지않아 사라지기 마련이에요."

"네."

영문도 모르고 이렇게 대답했습니다.

그는 웃으면서 말을 이었습니다.

"우리는 사람의 행동에는 신경 쓰지 않아요. 대신 그 사람의 품성에 관심이 있지요."

나는 지식을 전달하는 일이라면, 누구에게나 내가 아는 것을 가르칠 자신이 있습니다. 하지만 그렇다고 그들이 내 행동까지 그대로 따라 하게 하려는 것은 아닙니다.

나는 오랜 경험을 통해서 타인에게 지식을 전하려면 먼저 적당한 사람을 골라야 한다는 사실을 깨달았습니다. 즉, 투자 가치가 있는 사람을 찾아 투자해야 한다는 뜻입니다. 그래서 나는 주일학교 교사들이 하나님의 뛰어난 일꾼이 될 가능성이 있는 젊은이들을 끊임없이 발굴해 내야 한다고 생각합니다. 그러고 나서 그들에게 필요한 기술을 가르치는 데 힘써야 할 것입니다.

훌륭한 선교사였던 마크 번테인은 인도 콜카타 시내에 있는 한 아파트에서 36년 동안 살았습니다. 미국에서는 소수의 사람만이 그의 평판을 들어 알고 있었지만, 인도에서는 많은 사람들이 그의 품성으로 그를 잘 알았습니다.

나는 몇 해 전 평판과 품성을 비교해 놓은 흥미로운 글을 읽은 적이 있습니다.

평판은 당신이 그러하리라는 추측이고,
품성은 당신의 본성이다.
평판은 사진이고,
품성은 얼굴이다.
평판은 새로운 곳에 갔을 때 나타나고,

품성은 당신이 없는 곳에서 나타난다.

평판은 한 시간이면 알 수 있지만,

품성은 수십 년이 지나도 확실히 알 수 없다.

평판은 한순간에 만들어지지만,

품성은 평생에 걸쳐 만들어진다.

평판은 버섯처럼 자라고,

품성은 참나무처럼 자란다.

평판은 하나의 신문 기사로도 만들어지지만,

품성은 평생이라는 토대에서 만들어진다.

평판은 당신을 부유하거나 가난하게 만들 수 있지만,

품성은 당신을 행복하거나 불행하게 만들 수 있다.

평판은 사람들이 당신에 대해 묘비에 적는 말이지만,

품성은 하나님의 왕좌에 둘러앉은 천사들이 당신에 대해 하는 말이다.

네 번째 법칙 : '충분하다'는 것은 과거에도 그랬고 앞으로도 '최고'가 되는 데 최대 막힘돌이 될 것이다.

미국 학생들의 학력 평가 점수는 점점 하향 곡선을 그리고 있습니다. 그것은 학생들이 자신의 성적이 얼마나 향상되었는지를 보는 것이 아니라 친구들의 점수와 비교해서 만족하기 때문입니다.

우리는 지금 '충분히 좋은' 사회에 살고 있습니다. 지금은 C를 받아도 충분하다고 말하는 사회입니다.

직장인들 또한 자신의 가치를 높이려 노력하는 것이 아니라 직장에서 그럭저럭 살아남는 것으로 만족합니다. 나는 지금까지 사역자들

가운데 어떻게 하면 일을 빨리 끝마칠 수 있을까 고민하는 데 많은 시간을 낭비하는 이들을 수없이 보았습니다. 사역자들의 사역 관념은 이미 정상 수준을 크게 넘어 있습니다. 그래서 새롭게 사역에 입문하는 젊은이들은 직무내용 설명서를 읽은 것만으로도 충분하다고 생각해서 집에 가서 텔레비전을 보는 여유를 갖습니다. 하지만 그것만으로는 절대 충분하지 않습니다.

지식은 어떻게 보면 피라미드와 같습니다. 꼭대기에 가까워질수록 알아야 할 지식이 점점 줄어듭니다. 그리고 오직 한 가지 목표에 집중하게 되며, 어떤 일을 잘 하는 것만으로는 충분하지 않다는 사실을 깨닫고 최고가 되고자 노력하게 됩니다.

우리는 왕들의 왕이신 하나님의 대표자로서 저마다 최고가 되고자 헌신해야 합니다. 즉, 대부분의 사람들이 그러하듯 제자리를 지키는 것만으로 만족하지 말고 성장을 목표로 삼아야 합니다.

사업에서 성공하는 것은 아주 좋은 일입니다. 하지만 그보다 인생에서 성공하는 것이 훨씬 낫습니다. 교회에 다니는 것도 좋지만 그보다 사람들에게 주님을 아는 사람으로 알려지는 것이 훨씬 낫습니다.

성경의 한 구절처럼 우리는 중간에 머무르지 말고 하나님에게 최선을 다하는 모습을 보여야 합니다.

무릇 네 손이 일을 얻는 대로 힘을 다하여 할지어다 전 9:10

다섯 번째 법칙 : 인간은 인생에서 어떤 문제를 해결했느냐와 어떤 문제를 일으켰느냐 두 가지 중 하나로 기억된다.

나는 모든 사람이 이 법칙을 꼭 기억하기를 바랍니다. 지난 25년 동안 온갖 다양한 사역과 목회자들을 접하다 보니 - 특히 내가 깊숙이 몸담아 온 주일학교 사역을 하면서 - 어떤 사람이든지 두 종류로 나눌 수 있게 되었습니다. 어떤 사람의 이름을 듣는 순간 그 사람이 까다로운 사람인가 그렇지 않은 사람인가가 먼저 떠오르는 것입니다. 그 사람의 태도와 행동이 떠오르면서 함께 하기가 즐거운 사람인지, 같이 있으면 맥이 빠져서 다시 만나기조차 싫은 사람인지 구분하게 됩니다.

이처럼 우리는 저마다 동료에게 두 가지 가운데 하나로 기억됩니다. 그리고 우리가 어떤 사람으로 기억되는가 하는 것은 전적으로 우리 자신에게 달려 있습니다.

여섯 번째 법칙 : 당신의 외부가 아니라 내부에서 일어나는 일이 더 중요하다.

몇 년 전 설교를 하러 달라스에 갔을 때의 일입니다. 공항으로 마중 나온 목사님은 호텔로 데려다 주기 전에 급히 가볼 곳이 있다고 했습니다. 어느 교인 부부가 돌이 갓 지난 아기를 저세상으로 떠나보냈다는 것입니다. 어린아이가 세상을 떠났다는 사실도 안됐는데 크리스마스를 며칠 앞두고 있던 터라 더 마음이 아팠습니다. 나는 그 집에 도착해서 본 광경을 영원히 잊지 못할 것입니다. 사람들은 울고 있고, 크리스마스 트리 아래에는 죽은 아이에게 주는 선물들이 놓여 있었습니다. 목사님은 그 부부를 위로하려고 애썼지만 어떤 말도 위로가 되지 않는 상황이었습니다.

몇 년이 지난 후 그 교회에 다시 가게 되었습니다. 목사님에게 그 부부의 근황을 물었더니 아주 흥미로운 대답을 했습니다.

"아기 엄마는 아기의 장례식을 마치고 슬픔을 축복으로 바꾸기로 했지요. 그래서 매일 신문의 부고란을 읽었습니다. 어린아이가 죽었다는 소식이 실리면 그 집을 찾아가 부모를 위로했지요. 누구보다 그 심정을 잘 아니까요."

결국 그녀는 그러한 사역으로 인해 수많은 아기 엄마들을 하나님의 품으로 인도했습니다. 즉, 그녀는 자신의 외부가 아니라 내부에서 일어나는 일이 훨씬 중요하다는 사실을 깨닫고 어려운 고통 속에서 벗어날 수 있었습니다. 그녀는 하나님에게 기대어 막연히 슬픔에 젖어 있는 것이 아니라 타인에게 위안을 주고 그들의 눈물을 닦아 주는 사람이 되기로 결심했던 것입니다. 그녀는 이렇게 말했다고 합니다.

"나는 슬픔을 승리로 바꿀 거예요."

우리는 현재 뉴욕을 비롯해 수많은 도시의 빈민가 아이들이 자신의 삶을 파멸로 이끄는 강압적인 힘에 대항할 수 있도록 그들의 내면을 변화시키기 위해서 노력하고 있습니다.

일곱 번째 법칙 : 이미 엎질러진 물은 주워담을 수 없다.

만약 실수를 했다면 훌훌 털고 앞으로 나아가야 합니다. 나이 많은 목사에서 젊은 사역자에 이르기까지, 실수의 희생양이 되어 하나님의 뜻을 잃어버린 사람들의 이야기는 밤새도록 해도 끝이 없을 것입니다. 사람들은 당신이 실수를 하면 당신을 비난합니다. 그리고 어떤 사람들은 당신이 비난받을 일을 하기만을 기다립니다.

하지만 그들이 당신의 적이 아니라는 사실을 알기를 바랍니다. 그들은 실제의 적인 악마의 도구들일 뿐입니다. 안타깝게도 그들은 자신이 악마의 도구로 이용되고 있다는 사실조차도 모를 때가 많습니다. 만약 당신이 실수를 했다면 먼저 그 사실을 받아들여야 합니다. 그리고 가능하다면 실수를 수정하고, 필요하다면 상대방에게 사과를 해야 합니다. 또한 그런 실수를 저지른 이유를 파악하고 교훈을 얻은 후 훌훌 털고 나아가야 합니다.

인생을 배워 가던 젊은 시절, 내가 받은 귀중한 유산 중 하나는 교회 목사님으로부터 배운 '실패할 수 있는 권리'였습니다. 목사님은 나를 깊이 신뢰해 주었습니다. 내가 행여 실패했을 때에도 그분의 믿음은 결코 흔들리지 않았습니다. 아니 설사 흔들렸다 하더라도 결코 내게 그 모습을 내보인 적이 없었습니다.

나는 여기 뉴욕의 사역자들에게도 당당하게 새로운 일을 시도해 보라고 격려합니다. 그리고 그 일이 성공하면 함께 하나님을 찬양합니다. 실패해도 상관없습니다. 다른 일을 시도하면 되니까요. 야구 선수 베이브 루스는 홈런왕이기도 했지만, 삼진왕이기도 했습니다.

뉴욕에서의 사역을 견뎌낼 수 있는 사역자를 뽑기 위해서 내가 꼭 하는 말이 있습니다.

"왕자님을 찾으려면 수많은 개구리한테 키스를 해 봐야 합니다."

이것은 사역의 여러 가지 면에 적용되는 말입니다. 즉, 무언가를 이루기 위해서는 많은 실수를 해야만 합니다. 실패의 두려움 때문에 포기한다면 평생 동안 겁쟁이로 살아야 합니다.

여기서 잠깐 링컨 대통령의 프로필을 살펴보겠습니다.

1831년 사업 실패

1832년 주 하원의원 낙선

1833년 또다시 사업 실패

1834년 주 하원의원에 당선

1835년 부인 사망

1836년 신경쇠약증으로 고생

1838년 주 하원의원 의장직 낙선

1840년 선거인 낙선

1843년 연방 하원의원 낙선

1846년 연방 하원의원에 당선

1848년 연방 하원의원에 다시 낙선

1855년 상원의원 낙선

1856년 부대통령 낙선

1858년 상원의원 낙선

1860년 대통령 당선

링컨의 삶이 내 위에서 한 말을 그대로 뒷받침해 줍니다. 우리는 실수를 되돌릴 수 없습니다. 또 잘못된 일 중에는 바로잡을 수 없는 것들이 많습니다. 하지만 우리는 언제든지 앞으로 나아갈 수 있습니다.

성공으로 가는 길에는 잠시 쉬었다 가라고 우리를 유혹하는 휴게소가 많이 있습니다. 하지만 절대 멈추어서는 안 됩니다. 올바른 길로 가더라도 중간에 멈춘다면 제 시간에 목적지에 도착할 수 없기 때문입니다.

여덟 번째 법칙 : 새로운 것을 손에 넣었다면 새로운 일을 해야 할 책임이 따른다.

사역이 한 단계 발전할 때마다 나타나는 변화에 나는 끊임없이 놀라곤 합니다. 하나님의 축복 속에서 새로운 연줄이 닿고 새로운 방식을 터득하게 되며 더 뜨거운 열정이 생깁니다. 그런데 열이면 아홉이 눈앞의 축복에 심취한 나머지 그것을 누가 왜 우리에게 주었는지를 잊곤 합니다. 우리는 단지 중간 경로에 지나지 않습니다. 그렇기에 받은 것보다 많은 것을 나누어 주어야만 합니다.

사역을 완성하는 데 필요한 자금과 인력, 건물, 후원자가 늘어날수록 이렇게 생각해야 합니다.

"가진 게 늘어났으니 이것을 필요로 하는 사람도 많아졌어. 이제 이것을 새로운 도구로 삼아 예전보다 더 많은 일을 할 수 있겠어."

아홉 번째 법칙 : 열정이 없다면 아무것도 없는 것이나 마찬가지다.

일이 있어 다른 지역을 방문할 때면, 나는 그곳 목회자와 사역자들이 휴식을 취할 때 무슨 이야기를 하는지 유심히 관찰합니다. 주로 골프 경기나 휴가, 손주, 그리고 옷 브랜드 따위에 관한 대화를 나눕니다. 가슴 아프지만 이 말은 꼭 해야 할 것 같습니다. 나는 이들이 뜨거운 열정으로 사역에 관한 이야기를 나누는 것을 거의 보지 못했습니다. 이런 것이 대화의 주제가 되는 일은 거의 없습니다. 그들은 하나님과 관련된 이야기나 그것이 상징하는 영속성에 관한 것이 아니라 일상적이고 평범한 이야기를 화젯거리로 삼습니다.

하지만 당신이 뉴욕에 한번 와 보면 우리가 무슨 일에 집념을 가지고 있는지 금방 알게 될 것입니다. 뉴욕뿐 아니라 어디를 가든지 아이들을 향한 우리의 열정과 관심이 얼마나 큰지 알 수 있을 것입니다. 그리고 뉴욕이 떠안고 있는 커다란 짐을 덜기 위한 우리의 집념이 단지 사람들과 어울리기 위한 시시콜콜한 대화로 시간이나 때울 만큼 약하지 않다는 사실도 말입니다.

아일랜드 공화국군의 전 지도자 바비 샌즈는 정치적인 목적을 위해서 단식 투쟁을 벌이다 생애를 마쳤습니다. 몇 년 전에는 핵무기 보유국에 대항하는 뜻으로 철로에 앉아 신체 일부를 절단한 사람도 있었습니다. 의지가 그만큼 강했기 때문입니다.

역사를 보면 의지와 집념을 굳건히 지킨 사람들은 매우 많습니다. 그들은 자신이 무엇을 위해 살며 봉사하는지 결코 의심하지 않았습니다. 그런데 왜 오늘날에는 이토록 열정적인 기독교인들을 볼 수 없는 것일까요? 나는 반드시 그런 사람들이 나타나리라고 믿습니다.

열 번째 법칙 : 성공보다 믿음이 중요하다.

1800년대, 스코틀랜드의 작은 교회에서 일어난 일입니다. 집사들이 나이가 지긋한 목사를 찾아가 이렇게 말했습니다.

"이제 물러나실 때가 된 것 같습니다. 작년에 아홉 살짜리 꼬마 한 명밖에 개종시키지 못했잖습니까?"

그 꼬마의 이름은 로버트였는데, 목사는 가족에게 버림받은 그 아이를 데려와 지극히 보살펴 주었습니다. 둘 사이에는 긴밀한 유대감이 싹텄지만, 목사가 교회에서 쫓겨나는 바람에 두 사람은 헤어지게 되었습니다. 하지만 20년 후 꼬마는 뛰어난 학자로 성장해 성경을 여러 개

언어로 번역했습니다. 그 꼬마가 바로 로버트 모팻Robert Moffat입니다.

모팻은 왕의 관심을 받기도 했으며 전세계적으로 '해외 선교의 아버지'라고 알려지게 되었습니다.

그는 영국의 한 대학에서 연설하던 중 다음과 같은 말을 했습니다.

"아프리카에는 아직까지 복음이 전해지지 않은 땅이 있습니다. 누군가 가야 합니다."

그때 청중석 오른쪽 끝줄에 앉아 있던 청년이 자신이 그곳으로 가야겠다고 생각했습니다. 그 청년의 이름은 데이비드 리빙스턴(David Livingstone, 1813~1873)이었습니다.

아프리카 미지의 정글에서 선교 활동을 하는 리빙스턴에게 오랫동안 아무도 관심을 보이지 않았습니다. 하지만 서서히 그의 활약상은 유럽 전체에 알려지기 시작했습니다. 그가 60세 때 중앙아프리카의 방궤울루 호에서 사망했을 때, 빅토리아 여왕의 아들인 에드워드 7세가 사람을 보내 그의 시신을 가져와 웨스트민스터 사원 가장 중요한 자리에 묻으려 했습니다. 묘비에는 '그는 여행자이자 선교사이자 박애주의자였다. 지난 30년 동안 원주민들에게 끈기 있게 복음을 전했고, 중앙아프리카의 노예 매매를 폐지시켰다.'라고 썼습니다.

하지만 아프리카 사람들은 "안 됩니다. 그분은 자신의 삶을 바친 이곳에 묻히길 바라실 겁니다. 그분의 마음은 이곳에 저희와 함께 있습니다."라며 그 계획에 완강히 반대하였습니다. 왕과 리빙스턴이 속한 교회 관계자들도 뜻을 굽히지 않았습니다. 그가 살아 있을 때는 그의 생사에 관심도 없던 사람들이 말입니다.

왕은 계획대로 런던에서 아프리카로 배를 보냈습니다. 하지만 그 배가 리빙스턴의 시신을 싣고 영국으로 출발하기 전날, 리빙스턴이 개종시킨 신자 두 명이 배에 몰래 숨어들어 그의 심장을 도려냈습니다. 그리하여 리빙스턴의 몸은 영국의 웨스트민스터 사원에, 심장은 아프리카에 묻히게 되었습니다.

많은 사람들은 모팻을 거둬들인 스코틀랜드의 목사가 실패자라고 생각했습니다. 하지만 그가 한 아이에게 쏟은 헌신적인 사랑이 훗날 수많은 선교사와 개종자를 탄생시키리라고는 아무도 생각하지 못했을 것입니다.

오래 전에 이런 말을 들은 적이 있습니다.

"인생에서 무엇을 행동으로 옮겼는지가 무엇을 이루었는지보다 중요하다."

당신이 주님 앞에 섰을 때 주님은 얼마나 성공했는지가 아니라 믿음을 가졌는지 물으실 것입니다.

나는 주일학교가 일주일 중 가장 신나는 시간이 되어야 한다고 생각합니다. 가능한 많은 아이들을 끌어모을 수 있어야 합니다. 하지만 그렇게 한다고 해서 우리 사역자들과 아이들 앞에 천국 문이 열리는 것은 아닙니다. 저마다 주님과 특별한 관계를 맺어야 합니다. 그것은 믿음과 말씀을 통해 영원히 죽지 않는 씨를 뿌릴 때만 가능합니다.

나의 가장 큰 소망 가운데 하나는 언젠가 우리 모두가 "잘했다, 나의 성실하고 믿음직한 종아."라고 말씀하시는 하나님의 음성을 듣는 것입니다. 지금까지 이 사역을 시작한 이는 많았지만, 그것을 끝마친 이는 드물었습니다. 당신은 사역이 끝난 후 어떤 사람으로 기억되고 싶습니까?

어린이들이 재주넘기를 하며 즐거운 시간을 보내고 있다.

버려진 매트리스 스프링을 트램펄린으로 사용하는 작은 쓰레기 운동장

사역에서 운동으로

> 탁월함은 한 번의 행동이 아닌 습관이다.
> 우리가 반복적으로 행하는 것이 우리이다.
> **샤킬 오닐**(NBA 스타, 1972~)

나는 하나님께서는 정기적으로 유효하게 어떤 분명한 일을 하시기 위해 교회와 사역을 일으키신다고 믿습니다. 그리고 메트로교회는 분명한 일을 하고 있는 아주 훌륭한 본보기입니다. 왜냐하면 우리가 하고 있는 많은 부분들이 사람들의 필요를 채우는 데 그 기초를 두고 있기 때문입니다.

필요는 정말로 소명입니다.

이 책은 몇 번의 출판을 거듭하면서 개정의 필요가 점점 확실해졌습니다. 이 책은 몇 년에 걸쳐 출판되었으며 이 기간 동안 메트로는 사역에서 운동으로 변화하고 있습니다.

이제 매주 우리가 만나는 아이들은 뉴욕 시내에서만 5만 명 이상이 되었습니다. 콘퍼런스와 훈련 프로그램에 대한 요청도 밀려 있습니다. 우리의 교과 과정을 사용하였거나 이 사역에 대한 글을 읽은 어린이 사역 관련자들이 우리에 대해 더 많이 알고자 합니다. 그들은 뉴욕에서 우리가 하고 있는 일을 그대로 하거나, 혹은 여러 다양한 도시에서 변화를 꿈꾸고 있습니다. 그들은 도시라는 범위에서 한 걸음 더 나아가 성장하는 과정에서 질문을 갖게 된 사람들입니다. 물론 우리는 우리 주일학교에서 열심히 일한 후에 많은 해결책을 알게 되었으며, 이를 통해 그분들을 도울 수 있습니다.

사역은 어떤 면에서 쉽다고 할 수 있습니다. 그러나 운동은 삶을 요구합니다. 메트로는 사이드워크 주일학교를 통해 수백 개의 사역으로는 다가갈 수 없는 아이들에게 수많은 다른 사역이 접근할 수 있도록 불을 붙이기도 하였습니다. 이 일은 전세계 모든 도시에서 일어나고 있습니다.

우리가 쓴 교과 과정인 '아이들교회'는 지난 7년 동안 4배 이상으로 판매가 증가하였습니다. 이 교과 과정이 왜 그토록 인기가 있을까요? 훌륭한 마케팅이나 캠페인 때문일까요? 아닙니다. 이것이 인기가 있고 잘 팔리는 이유는 그 동안 가르쳤던 실제 수업에 기초하고 있기 때문입니다.

수많은 사람들이 주일학교 교과 과정을 쓰는 것이 어렵다고 말했지만, 나는 하고 있습니다. 기록을 세우기 위해서가 아니라 '필요하기 때문에' 하고 있습니다.

많은 새로운 기회들이 끊임없이 메트로를 찾아오고 있으며, 이 운동 전체가 버섯처럼 피어올라 번지고 있습니다. 이 모습을 바라보는 일은 정말 놀라운 경험입니다. 유럽, 남미, 아프리카, 호주, 아시아 등 전세계에서 콘퍼런스가 항상 열립니다. 그 콘퍼런스를 통해서 우리를 알게 되어 여러 나라에서 방문객이 찾아오는데 그 숫자가 놀랄 만합니다. 다시 한 번 우리는 또다른 필요를 보았습니다. 더 이상 뉴욕이나 북미에만 머물러 있을 수 없는, 새로운 국제적인 필요가 우리의 핵심이 되었습니다.

우리는 국제 방문객을 위해 무엇인가 더 하고 싶었습니다. 이분들이 이 일에 대한 비전을 갖는다면 자기 나라에서 사람을 훈련시키는 더 큰 일을 할 수 있기 때문입니다.

일정이 바쁘게 진행되는 와중에 기숙사로 변경해서 쓸 수 있는 건물을 얻을 수 있는 기회가 생겼습니다. 세계 각국에서 온 사람들을 위한 훈련센터를 사역 현장에 얻게 된 것입니다.

각국의 학생들은 우리 팀과 같이 배우고 같이 지냅니다. 우리가 하는 힘든 사역을 똑같이 합니다. 그리고 그들이 스스로 어떻게 변화를 일으킬 수 있는지 지혜를 빨리 얻습니다. 고국으로 돌아가면 그들은 영원히 변화합니다.

여러분은 가능성을 보십니까? 나는 한 국제 콘퍼런스에 강사로 나서 이렇게 말했습니다.

"아이들에게 다가가십시오. 나라가 변합니다."

실제로 이 일이 가능하다고 믿습니다. 나는 우리의 현장 훈련 시설이 이 과정의 중요한 부분임을 확신합니다.

이탈리아에서 사역하는 한 여성은 오랫동안 해 오던 일에 대한 희망을 상실했습니다. 그녀는 진실로 사람들을 주님께로 인도하고 싶어

했지만, 수많은 문제에 가로막혀 뜻대로 되지 않아 실망하고 있었습니다. 그러던 중 내가 강의하는 영국의 콘퍼런스에 참석하였다가 무엇인가가 섬광처럼 떠올랐습니다. 그리고 비로소 무슨 일을 해야 할지 알게 되었습니다.

그녀는 뉴욕으로 왔습니다. 이곳에서, 우리가 하고 있는 일이 무엇인지, 그리고 어떻게 하고 있는지 배우기로 결심하였습니다. 그녀를 뉴욕으로 오게 하는 데는 위원회가 필요하지 않았습니다. 그녀는 혼자 왔지만, 나폴리로 되돌아갈 때는 변화를 일으킨다는 확신을 갖고 갔습니다. 그리고 지금 변화를 만들어 가고 있습니다. 지금 그녀는 본국에서 매주 900명 이상의 어린이에게 다가가고 있습니다. 이렇듯, 비전을 갖는 데는 오직 한 사람이 필요합니다.

우리는 아일랜드 벨파스트에도 사이드워크 주일학교가 세워지도록 돕고 있습니다. 이곳의 특징은 야외 프로그램을 진행하기에 적합하지 않은 날씨 때문에 사이드워크 주일학교 프로그램을 공립학교에서 주관한다는 것입니다. 벨파스트 팀은 매주 2천여 명의 어린이에게 다가가고 있습니다.

영국 리버풀에서도 사이드워크 주일학교와 함께 지역사회의 변화를 이루어 가고 있습니다. 그들도 트럭을 갖고 있습니다. 리버풀의 사역은 네덜란드, 독일, 폴란드, 스위스 등 다른 유럽 지역 메트로 사역의 발판이 되었고, 부흥을 위한 촉매가 되었습니다. 루마니아에서는 사람들의 기본적 필요를 채우는 새로운 비전을 주었습니다.

우리는 스위스에서 상류층에 속한 한 사람과 만나게 되었습니다. 그는 우리에게 현지에서 사용할 수 있게 디자인한 이동 빵집을 보여주었습니다.

우리는 이 아이디어를 사이드워크 주일학교 트럭과 연결하였습니다. 그리고 이동 빵집을 우리 트럭 중 하나로 끌 수 있다는 것을 알게 되었습니다. 이 이동 빵집의 힘은 대단해서 아주 짧은 기간에 수천 개의 빵을 만들 수 있는 시스템이 되었습니다.

감사하게도, 아이들교회 프로그램은 지역 교회에서 튼튼하게 뿌리내리고 있었습니다. 싱가포르의 시티하비스트 교회에서는 우리에게 프로그램을 실연해서 보여주었습니다. 우리가 하는 일을 다른 문화권에서 하는 것을 보니 참 흥미로웠습니다.

시티하비스트 교회의 교인들은 주변의 아파트를 한 집 한 집 찾아가기 시작했습니다. 버스 사역이 왕성해지기까지는 그리 오래 걸리지 않았습니다. 나는 이 사람들이 이 일을 가지고 중국 본토까지 들어갈 가능성이 있다고 생각합니다.

우리는 필리핀의 쓰레기장으로 가는 모험도 감수했습니다. 이 끔찍한 장소에 나를 데리고 간 사람들은 내가 이곳을 한번 보고 떠나길 원했습니다. 하지만 그럴 수는 없었습니다. 더럽다고 주변에 앉아 있으면 아무에게도 다가갈 수 없습니다. 나는 헌신할 곳이라고 생각되면 먼저 맛을 보고 냄새를 맡습니다.

나는 두 명의 사역자와 함께 산타 로사의 쓰레기장으로 걸어들어갔습니다. 그곳에서 다섯 살 정도 된 여자 아이를 보았습니다. 아이는 쓰레기더미 사이에 엎어져 있었습니다. 죽은 것 같아 보였습니다. 그녀를 뒤집어본 나는 깜짝 놀랐습니다. 얼굴은 개미로 뒤덮여 있었으며, 눈까지 파먹힌 상태였습니다.

그 아이 주변에는 두 명의 어린 소녀가 있었습니다. 두 소녀는 쓰레기더미 속에서 찾은 닭 내장을 구우면서 즐거워하고 있었습니다. 그릴 대신에 타고 있는 쓰레기 위에서 식사를 준비하고 있었습니다. 이런 광경을 보면 당신은 무슨 말을 할 수 있겠습니까? 무엇을 할 수 있을까요?

나는 그날 당장 주일학교를 시작해야 한다는 것을 알았습니다. 우리에게 이곳은 투자할 만한 곳이고 헌신할 만한 곳이었습니다. 몇 달 내로 우리는 필리핀에서 리더 훈련의 기회를 가졌습니다. 누군가 이 비전을 갖기를 희망하면서. 여기에는 수천 명의 사람들이 참석하였는데 보트를 타고 온 사람도 있고 걸어서 온 사람들도 있었습니다.

얼마 지나지 않아 우리는 지역 교회와 연합하여 필리핀 거리 및 쓰레기 사역을 하게 되었으며 현재 매주 2만 명의 어린이들에게 다가가고 있습니다. 자, 무슨 일이 일어났습니까? 이 일이 우리의 사역을 운동으로 변화시켰습니까?

처음 뉴욕에 갔을 때 내게는 5년 계획, 10년 계획, 그리고 조직표와 예산이 있었습니다. 그러나 할 수 없었습니다. 이것을 어떻게 실현시킬 수 있을지 아무런 아이디어가 떠오르지 않았습니다. 그러나 무엇인가 해야 된다는 것은 알았습니다. 1년 동안 전문가들로부터 들은 말은, 내 마음 속에 있는 일들이 적어도 뉴욕의 빈민촌에서는 성취 불가능하다는 것이었습니다.

편안히 앉아서 계획이나 구조를 세울 수도 없었습니다. 내가 무엇을 하려고 하는지조차 몰랐으니까요. 무엇인가 하려고 해도, 주위에서는 온통 안 될 거라는 말뿐이었습니다. 나는 생각했습니다.

'복음이 뉴욕의 빈민촌에서 이루어지지 않는다면 그것은 원래 안 되는 거야. 이 복음이 콜카타에서 효과가 없다면 호놀룰루에서도 안 되는 거야. 브루클린에서 안 되면 캔자스 시에서도 안 되는 거야. 복음은 복음이야.'

나는 무엇인가 할 수 있다고 확신하게 되었습니다.

한 콘퍼런스에서 강의를 마친 후에 사람들에게 질문을 받고 있었습니다. 당시 내 머릿속은 복잡했습니다. 왜냐하면 콘퍼런스에 강의하러 오기 전에 6살짜리 소년의 장례를 집도했기 때문입니다. 그는 내 버스를 타지는 않았지만 우리 아이들 중 하나였습니다.

장례식 30분 전에 장례 장소로 갔습니다. 우리는 한 장례식장을 사용하기 때문에 그곳의 내부를 잘 알고 있습니다. 위층으로 올라가니 아이의 시신을 만지고 있는 한 자매가 있었습니다. 그 자매가 말했습니다.

"이 아이에게 입힐 옷을 살 수가 없습니다."

우리는 옷이 필요한 가족에게 헌 옷을 지속적으로 공급하고 있었습니다. 그래서 그길로 교회로 달려가 바지 하나와 작은 셔츠 그리고 신발을 가져왔습니다. 그리고 그 자매가 이 작은 아이의 시신에 옷을 입히는 것을 도와주었습니다. 그 느낌이 어떤지 설명하지 않겠습니다. 그러나 이 설명은 여러분을 변화시킬 것입니다.

아이에게 옷 입히는 것을 도우면서, 아이의 얼굴 한쪽하고 팔목 뒤에 파인 자국을 보게 되었습니다. 영문을 묻자, 자매가 침통한 얼굴로 말을 꺼냈습니다.

"아이 엄마가 아이를 야구 방망이로 때려서 머리가 날아갔습니다.

그러고는 죽은 아들을 밤새도록 바닥에 두었습니다. 밤중에 집에 있는 고양이가 아이의 얼굴과 손을 뜯어먹어서 얼굴에 이렇게 파인 자국이 많아요. 그래서 아무도 장례에 오지 않는 겁니다."

이 작은 아이는 엄숙한 장례를 받을 만한 가치가 있었습니다. 누가 참석하든 안 하든 나는 이 아이를 위해 무엇인가 하기로 결심했습니다. 우리는 그의 관을 영구차에 실어 뉴저지로 가기로 했습니다. 장례식을 거기에서 하기로 한 것입니다. 관을 영구차에 싣고 있는데 그의 할머니가 내게 와서 말했습니다.

"저랑 잠깐 얘기할 수 있나요? 말씀드리고 싶은 것이 있습니다."

할머니가 말을 이었습니다.

"제 손주는 주일학교에서 집에 올 때마다 이렇게 말했습니다. '할머니, 교회 사람들은 저를 사랑하는 거 같아요. 저한테 늘 사랑한다고 말해요. 그래서 나도 그분들이 저를 진짜 사랑한다고 생각해요.' 그러고는 당신이 가르쳐 준 노래를 항상 불렀답니다. 당신에게 고맙다고 말하고 싶어서 왔습니다. 왜냐하면 아무도 이 아이를 사랑한 사람이 없었습니다. 이 아이를 사랑해 주셔서 감사합니다."

강의를 하는 동안 이 일이 내 머릿속에 꽉 차 있었습니다. 콘퍼런스가 끝난 후 한 여성이 나를 찾아와 더 이상 빈민가에서 살 필요가 없음을 설득하려 했습니다.

"목사님은 많이 맞았어요. 칼도 많이 맞았습니다. 너무나 많은 고통을 겪었습니다. 왜 더 좋은 곳에서 살려고 하지 않는지 저는 도무지 이해가 안 됩니다."

내가 이곳에 남아 있는 이유를 어떻게 설명할 수 있을까요? 나는 하지 못합니다. 할 수 없습니다.

이때 우리 대화를 듣고 있던 한 노인이 나를 대신해서 말했습니다. "여보세요. 당신이 목자의 심장을 갖고 있지 않으니 이 양반이 하시는 일을 어찌 이해하겠소."

목자의 심장이라? 그 말이 나를 사로잡았습니다. 목자의 심장을 가졌다는 것이 도대체 무슨 말인가?

나는 이 용어를 연구하기로 결심했습니다. 사전을 꺼내 들고 양과 어린 양, 목자 등과 관련된 모든 용어를 찾기 시작했습니다. 대부분 알고 있는 내용이었고 새롭게 알게 된 것은 없었습니다. 그러나 아주 흥미있는 한 예시를 발견했습니다. 그것을 읽고 새로운 깨달음을 얻었습니다.

내가 이해한 대로 여러분도 이해하게 될지 모르겠으나 다같이 아모스 3:12을 보시면 좋겠습니다. 사자와 양과 목자에 관한 재미있는 예시입니다.

> 목자가 사자 입에서 양의 두 다리나 귀 조각을 건져냄과 같이…

이 예시에시는 양 한 마리가 사자의 턱에 집혔습니다. 양이 왜 집혔는지는 말하지 않고 있습니다. 그냥 '잡혔다'라고 되어 있습니다. 처음 읽었을 때는 이 장면을 생생하게 그려 볼 수 없었습니다. 그러나 양이 잡힐 때면, 즉 다른 말로 어떤 사람이 문제에 빠질 때면 우리는 대부분 누가 잘못했느냐에 관심을 둡니다. 누가 그랬냐? 무슨 일이냐?

어떤 사람이 차 사고가 나서 길거리에서 피 흘리고 누워 있는데 구급대원이 다가와 묻습니다.

"누가 잘못했습니까? 음주운전입니까? 라이트는 켰습니까?"

얼마나 말도 안 되는지 알겠지요? 구급대원의 임무는 무슨 일이 있어도 그 사람을 구하는 것입니다. 여러분, 이해가 됩니까?

양이 사자의 턱에 잡혔습니다. 목자가 옵니다. 그에게는 두 가지 선택이 있습니다. 이 경우에 그는 움직입니다. 그가 어떤 느낌일지 이해가 됩니다. '본능적으로' 무엇인가 해야 한다는 것을 압니다. 아무거라도. 목자의 심장이 있다면, 여러분과 다른 사람을 다르게 만드는 그 무엇이 마음에 있다면 어떻겠습니까?

어떤 그룹이 있습니다. 그들은 다른 종류의 심장이 있습니다. 필요를 보았을 때 다르게 반응하는 다른 심장입니다.

목자는 뛰어들어 사자의 입에서 양을 끄집어내려고 합니다. 있는 힘을 다해 사자의 입에서 양을 꺼내려고 합니다. 마침내 꺼내고 보니 양의 다리만 있습니다. 절망적입니다.

이런 상황에서 가장 쉬운 일은 그냥 뒤돌아서 걸어나오는 것입니다. 그러나 목자는 그렇게 하지 않습니다. 목자의 심장은 여전히 울고 있습니다. 여러분이 목자의 심장을 가지고 있다면 그냥 걸어나올 수 없습니다.

목자는 희생을 감수하고 되돌아갑니다. 다시 돌아간다면 죽을 수도 있습니다. 그럴 수도 있습니다. 그래도 목자는 돌아갑니다. 그것이 아무런 의미가 없을지라도. 그리고 마지막 힘을 다해 손을 뻗어 양의 찢어진 귀를 꺼내 옵니다. 두 다리와 찢어진 귀… 왜입니까?

메트로 사역은 운동으로 변화하였습니다 그러나 여러분은 아직도 내가 뉴욕 브루클린 에버그린애비뉴와 12번가에 서 있는 것을 볼 것입니다. 내가 꽉 잡고 있는 한 가지는 두 다리와 귀 조각입니다. 여러분은 내가 왜 그러는지 알 것입니다.

  심장이 있다면, 걸어나갈 수 없습니다.

사이드 워크에서 간증을 하기 위해 모여 있는 어린이들

한 사람이
변화를 가져올 수 있습니까

한 사람이 변화를 가져올 수 있다.
우리 모두는 그것을 위해 노력해야 한다.
J.F. 케네디(1917~1963, 미국 제35대 대통령)

나는 현재 내가 처한 상황에 대해서만 말을 할 수 있다는 것을 오래 전에 알았습니다. 여러분이 만약 내가 살아 온 기간만큼 이 빈민가에서 살아 본다면, 그 삶을 통해서 아주 독특한 시각을 갖게 될 뿐만 아니라 생각도 변할 것입니다. 사람들은 보통 신문을 집어 들고 폭력에 관한 기사를 읽고 다시 신문을 내려놓습니다. 그러나 이곳에 산다면 신문을 다시 내려놓는 일이 그리 쉽지만은 않을 겁니다. 내가 그랬던 것처럼 여러분이 길거리에서 싸움을 보고 총소리를 듣는다면 신문을 그냥 넘길 수 없을 겁니다.

나는 이미 21건의 살인을 보았습니다. 여러분 코앞에서 폭력이 일어나는 것을 본다면 생각이 바뀔 것입니다. 사역이란 무엇인가. 그리고 어떻게 해야 하는가에 대한 생각을 달리 하게 될 것입니다.

나는 여기 살면서 신문에 나온 큰 제목 그 이상을 알게 되었고, 폭력에 가담한 양 측 모두의 삶을 볼 수 있게 되었습니다. 이 사람들은 앞으로도 절대 교회에 오지 않을 것입니다. 어떤 경우엔 그 이유가 분명하기도 하고 또 어떤 경우엔 이유가 분명하지 않기도 합니다. 이 사람들은 우리가 같이 어울리고자 하는 그런 사람이 아닐 수도 있습니다. 그러나 누군가는 어떤 방법으로든 그들에게 다가가야 합니다.

한 사람이 변화를 가져올 수 있을까요?

민수기 16장에서 이스라엘 사람들은 다시 한 번 불평하고 있습니다. 하나님이 무슨 일을 하시든지 이스라엘 사람들은 좋아하지 않았습니다. 물도 싫어했고 음식도 싫어했습니다. 리더십도 그 어떤 것도 좋아하지 않았습니다. 그들은 모세와 아론에게 불평 그 이상을 하고 있었던 것입니다. 그들은 혁명을 향해 가고 있었습니다. 이스라엘 사람들은 모세와 아론이 자신들을 더 영적인 사람들이 되도록 하기 때문에 화를 내고 있었습니다. 그들은 변화를 원하지 않았습니다.

모세와 아론은 이스라엘 사람들이 하나님께 더 가까이 가도록 노력하고 있었습니다. 그러나 사람들은 이렇게 되는 것을 정말로 원하지 않았습니다. 그러자 반항적인 태도가 자라게 되었습니다. 결국, 사람들은 자신들이 하고 싶은 것을 합니다. 갈등은 고조되어 가고 이스라엘 백성들은 모세와 아론의 리더십을 전복시키려는 자세를 취하게 되었습니다.

한번 그림을 그려 보십시오. 모세와 아론은 백성들을 하나님께 가까이 인도하려 하고 2백만의 유대인들은 "안돼, 우리는 변하지 않을 거야." 하는 그림 말입니다. 정말 사태가 좋지 않습니다. 모세와 아론에게도 좋지 않습니다.

이 시점에서 하나님이 말씀하십니다. 내가 본 바에 의하면 하나님은 기본적으로 이렇게 말씀하십니다.

"좋아! 너희가 리더십이 싫다 이 말이지. 내가 너희에게 준 것이 싫다 이 말이지. 좋아. 그럼 내가 너희 모두를 죽이겠다."

나는 이런 하나님을 좋아합니다. 왜냐구요? 하나님은 행동을 하십니다. 더 이상 행동하실 것이 없는 그날까지 하나님은 계속 행동하십니다.

자, 다시 한 번 그림을 그려 보겠습니다. 모세와 아론이 있고 몇 백만의 사람들이 있습니다. 그리고 정말 설명하기 힘들지만, 갑자기 죽음의 물결이 일어나 군중들 사이로 지나가기 시작했습니다. 사람들이 쓰러져 죽어 가고 시체 수가 엄청나게 늘어나고 있습니다. 이 재앙에서 죽은 사람은 무려 1만 4,700명이나 됩니다. 이게 무슨 일인지 아십니까?

민수기의 이 사건을 읽는 대부분의 사람들은 '이건 단순히 성경에 있는 통계야. 그냥 성경에 나오는 이야기야.'라고 합니다. 하지만 여러분에게는 단순히 통계에 관한 이야기가 아니길 바랍니다. 1만 4,700명의 사람이 쓰러져 죽었습니다. 그들은 다시 일어나지 못합니다. 적용할 곳이 없어 보인다면 이것은 그냥 성경 통계 이상의 그 무엇이 되기가 어렵습니다.

죽음에 관하여 나는 적용할 곳이 많이 있습니다. 이미 말했듯이 나는 뉴욕 시에서 21건의 살인 사건을 목격했습니다. 내가 살기로 선택한 곳에서 말입니다. 당신이 살인 현장 가까이에 서 있고, 총부리에서 총이 발사되는 것을 보고 사람이 머리가 날아가는 것을 본다면 생각이 바뀔 겁니다. 당신 주변에서 이런 긴박한 상황이 벌어진다면 말입니다. 이 절박한 상황은 당신을 변화시킵니다. 이러한 이유 때문에 나는 흑인 빈민가 창고에서 아직까지 살고 있습니다. 살아야 하기 때문에 사는 것이 아니라 내가 선택한 것이기에 삽니다. 그러나 한 사람이 변화를 일으킬 수 있을까요?

플로리다에 있는 남부 침례교 성경 콘퍼런스에 강사로 초대를 받은 적이 있습니다. 이 강연은 내게 잊지 못할 기념할 만한 것이었습니다. 강연을 마친 후 한 목사님이 이런 질문으로 나에게 도전을 주었습니다.

"당신은 진실로 마음 깊은 곳에서 한 사람이 우리가 기독교적 신앙이라 부르는 이 일에 변화를 가져올 수 있다고 생각하십니까? 그렇게 믿으십니까? 아니면 단지 그냥 당신 같은 사람들이 우리 같은 사람에게 그런 일을 하라고 하는 것입니까?"

우리는 한 사람이 변화를 가져올 수 있다고 말하고 있습니다. 참 좋은 설교 제목입니다. 참 좋은 메시지입니다. 한 사람이 변화를 가져올 수 있다 하는 것은 성경학교에서 가르치기 좋은 내용처럼 들립니다. 그리고 콘퍼런스에서도 하기 좋은 내용입니다. 행복한 크리스천들이 말하기 좋은 내용입니다. 그러나 우리가 진실로 이것을 믿고 있습니까? 이것이 그 목사님이 내게 질문한 내용입니다. 나는 그분께 뽐내는 대답을 하지 않았습니다. 다만 이렇게 말했습니다.

"잘 모르겠습니다…. 시간이 좀 필요합니다. 정말 시간을 두고 생각해 볼 만한 질문입니다. 그러나 반드시 대답을 드리겠습니다."

그의 질문은 나로 하여금 민수기 16장에 나오는 모세와 아론에 대해 그리고 여기에 무슨 일이 일어나고 있는지에 대해 깊이 연구하게 해 주었습니다.

이스라엘 백성들은 모두 불평을 하고 있었습니다. 하나님이 하시는 일은 무엇이든지간에 이스라엘 사람들은 좋아하지 않았습니다. 물도 좋아하지 않았고 음식도 좋아하지 않았습니다. 리더십도 좋아하지 않았습니다. 그리고 지금은 백성들이 쓰러져 죽어 있습니다. 이 시점에서 이야기는 흥미 있는 반전을 하고 있습니다. 모세는 아론에게 고개를 돌려 소리칩니다.

"아론, 가서 무엇인가 하십시오!"

모세는 아론에게 무슨 일인가 하라고 합니다. 왜냐하면 이와 같은 일이 전에는 벌어진 적이 없기 때문입니다. 사람들이 죽어 넘어질 때 당신은 무슨 일을 합니까?

모세와 아론은 영향력 있는 행동을 할 만큼 가까이에 있었다는 점을 주목하십시오. 리더들은 현재 벌어지고 있는 상황 가운데 매우 가까이 있고, 이 상황은 그들에게 어떤 행동을 하라고 요구하고 있습니다. 모세는 아론에게 명령합니다.

"제단으로 뛰어가 무엇인가 하십시오!"

행동을 요구하는 절박한 외침입니다. 절박함은 아론을 움직이게 하였고, 달려가 향로를 잡게 하였습니다. 성막의 비품인 향로는 나무 막대기 위에 컵이 달려 있는 것입니다. 아론이 향로를 잡고 제단으로 뛰었습니다. 향로를 이용해 제단에 있는 불을 담았습니다. 그런 다음 향로를 가지고 군중 한가운데로 뛰어들어갑니다. 아마도 그는 자신이 지금 무슨 일을 하는지 전혀 몰랐을 것입니다. 그러나 아론은 모세의 명령에 순종하고 있습니다. 여기 성경에 이렇게 기록하고 있습니다.

죽은 자와 산 자 사이에 섰을 때에 염병이 그치니라 민 16:48

48절은 모든 것을 말하고 있습니다. 아론이 산 자와 죽은 자 가운데 섰으며 그가 서 있는 곳에서 죽음의 행진이 멈추었다. 이해가 됩니까?

침례교 목사님이 나에게 던진 질문은 "당신은 진실로 한 사람이 변화를 일으킬 수 있다고 믿습니까?"였습니다.

여러분은 어떻게 생각하십니까? 위의 사건을 아무 생각 없이 읽은 사람이라 해도 아론이 변화를 가져왔다는 점에 동의할 것입니다. 한 사람이 변화를 일으켰습니다. 그런데 그가 무슨 일을 했습니까? 제단으로 뛰어들어갔으며, 불을 가져왔으며, 군중 가운데로 갔습니다. 그는 갔습니다. 그렇지 않습니까?

만약 한 사람이 변화를 가져올 수 있다면, '한 사람이 변화를 가져올 수 있다'라는 이 짧은 말이 사실이라면, 그렇다면 어떤 종류의 사람이 변화를 가져올 수 있습니까?

아론의 경우를 자세히 살펴보도록 하겠습니다. 이 사건을 자세히 보기 시작하면서 나는 산 자와 죽은 자 사이에 서 있었던 것은 아론과 불이 전부였다는 것을 알게 되었습니다. 네. 아론과 불뿐이었습니다. 어떤 종파가 같이 온 것이 아니었습니다. 어떤 회중이 참여한 것도, 심지어 위원회가 있었던 것도 아닙니다. 한 사람이 움직이게 했습니다.

한 남자 혹은 여자가 변화를 가져오는 이러한 일은 성경의 다른 곳에서도 찾아볼 수 있습니다. 이러한 상황 가운데서 한 개인에게 어떤 일이 일어나고, 그 개인은 따라오는 모든 사람에게 촉매제가 되었던 것입니다. 그들이 변화를 가져옵니다.

우리는 매주 모든 아이들을 방문합니다. 네. 5만 명 이상의 개인적인 방문을 의미합니다. 마치 거짓말처럼 들리기 때문에 이것을 글로 쓰는 것도 어려운 일입니다. 사람들은 묻습니다.

"세상에 어떻게 5만 명의 아이들을 매주 방문할 수 있습니까?"

그냥 합니다. 우리가 하는 것은 매우 육체적인 사역입니다. 방문하는 일, 사이드워크 주일학교, 버스 사역, 캠프, 홀리데이 호프, 그리고 이 일을 계속 운영하기 위한 후원 사역 등 하나같이 많은 육체 노동을 필요로 하는 일들입니다. 하지만 우리는 합니다. 계속 하고 있습니다.

더 중요한 것이 있습니다. 이를 통해 우리는 관계를 형성합니다. 우리는 단지 문만 노크하는 것이 아니라 사람들과 관계를 형성해 갑니다.

변화를 일으키기 위해 많은 교회학교 선생님들이 땀흘리고 수고합니다.

시 우스 브롱스 모리스 주택단지 내의 주일학교 지역 가운데 하나를 맡아 방문하고 있는 두 명의 젊은 여자 선생님이 있습니다. 그곳은 정말 거칠고 험악한 지역이지만, 그들은 해냈습니다.

그들이 버스 사역 및 심방을 담당하는 한 가족이 있는데 7살짜리 소녀와 5~6살쯤 되는 그녀의 남동생입니다. 이 아이들은 정신 지체아들은 아니지만 발달이 조금 늦습니다. 그들은 사이드워크 주일학교에 매주 신실하게 출석하는 훌륭한 아이들입니다.

어느 주일에 이 아이들이 오지 않았습니다 그래서 우리 선생님들이 염려를 하고 있었습니다. 며칠 지나 두 선생님이 그들이 잘 지내는지 확인하려고 그 아이들을 방문하였습니다. 집에 가서 문을 두드렸습니다. 이상했습니다. 안에서는 텔레비전 소리가 들리는데 문을 계속 두드렸지만 대답이 없었습니다.

두 선생님은 이 가족과 좋은 관계를 맺고 있었습니다. 왜냐하면 아이들의 엄마가 항상 집에 있는 환경의 아이들이었기 때문입니다. 선생님들이 옆집으로 갔습니다. 이웃은 알지도 모른다는 생각에서였습니다. 그러나 이웃은 그들의 질문에 대답도 도움도 되지 못하였습니다. 그리고 아무도 대답이 없었습니다. 이번에 선생님들은 아파트 안에서 이상한 냄새가 나는 것을 느꼈습니다. 이 건물에서는 아무도 도와줄 수 없다는 것을 알고 그들은 경찰을 불렀습니다.

뉴욕 시에 있는 모든 경찰서에는 ESU(응급 서비스반)라는 특수반이 있습니다. 그들은 전화를 받자마자 사우스 브롱스로 왔습니다. ESU 책임 경관은 문을 부수고 들어가도 된다고 하였습니다. 경찰이 6피트 짜리 강철 막대기로 문을 부수어 열었습니다.

문을 부수고 들어가 보니 엄마는 목이 찢긴 채 거실에 누워 있었습니다. 죽은 지 일주일이나 지난 상태였습니다. 그래서 그렇게 심한 냄새가 났던 것입니다. 아이들도 거실에 있었습니다. 소녀와 남동생은 텔레비전을 보면서 소파에 앉아 있었습니다. 먹을 수 있는 모든 것은 다 먹고 아무것도 없는 상태였습니다.

우리 선생님들이 안으로 들어가서 아이들과 함께 소파에 앉았습니다. 7살짜리 소녀는 시리얼 박스를 쥐고서 박스를 조각조각 찢고 있었습니다. 아이들은 박스를 먹고 있었습니다. 이것이 그들이 갖고 있는 전부였습니다.

이 끔찍한 사건이 발견된 지 2주 후에 관할 구역의 경찰이 나에게 전화를 했습니다. 조사 결과 아무런 지문도 실마리도 찾지 못하였다고 설명하였습니다. 그리고 아이들의 엄마를 살해한 사람을 찾지 못할 것이라고 하였습니다. 그는 "이것 때문에 전화를 드린 것은 아닙니다."라고 하며 말을 이었습니다.

"나는 이 지역에서 18년간 경찰관 생활을 하였습니다."

그리고 덧붙였습니다.

"ESU가 문을 부수고 난 후에 선생님들을 들어가게 했습니다. 선생님들은 죽은 엄마를 지나 아이들에게 다가가 소파에 같이 앉았습니다. 선생님들은 아이들을 팔로 감싸안고 꼭 잡아 주었습니다. 그들이 아이들을 돌보았습니다. 경관 생활을 하는 동안 이런 일은 본 적이 없습니다. 솔직히 말하자면 나는 당신의 메트로 사역 버스와 트럭이 브롱스 지역을 다니는 것을 많이 보았지만 지금까지 당신의 단체에 깊은 관심을 두지는 않았었습니다."

그는 계속하여 말했습니다.

"나는 아직도 당신이 정확히 무슨 일을 하는지 모르지만 뉴욕 시의 경찰서를 위하여, 지금 당신이 하고 있는 일이 무엇이든지간에 저는 당신이 계속해서 그 일을 해 주시기를 바랍니다. 그 일은 변화를 일으키는 것 같습니다."

나는 그날 거기에 없었습니다. 변화를 가져온 사람들은 젊은 두 여성입니다. 마치 아론처럼 무엇인가를 하였습니다. 그들은 아무도 관심을 기울이지 않는 사우스 브롱스의 아이들을 방문하였습니다. 우리의 선생님들은 잡지의 표지에 나오지 않습니다. 텔레비전 프로그램의 초대 손님으로 나오라는 요청도 받지 못할 것입니다. 지금 이 이야기의 선생님 중에 한 명은 언어 장애자이며 다른 한 사람은 매우 가난한 사람입니다. 그러나 그날 두 선생님은 글자 그대로 산 자와 죽은 자 가운데 서 있었습니다. 그렇지 않습니까? 그들은 산 자와 죽은 자 사이에 서 있었으며 변화를 만들었습니다. 핫 이슈에도 나오지 않고 콘퍼런스 헤드라인에 나오는 사람들도 아닙니다. 단순히 교회학교 교사들입니다. 진실로 사람을 돌보는 신실한 사람들입니다.

아론에 대해 더 깊이 연구하는 동안 이해가 안 되는 점이 몇 가지 있었습니다. 이 사건이 있을 때 아론의 나이는 100살이었습니다. 모세가 무엇이라고 말했습니까?

"제단으로 뛰어가!"

100살 된 사람이 제단으로 뛰어간다? 불가능합니다.

'아론, 당신은 할 수 없어. 당신의 때는 지나갔어. 불가능해.'

이것이 우리들의 생각입니다. 하지만 여러분! 그는 해냈습니다. 47절이 말하고 있습니다.

여러분이 무엇인가 할 수 있다는 것이 놀랍지 않습니까? 급하면 반응하게 됩니다.

흔히들 이런 말을 합니다.

"아, 나는 그 일 할 수 없어."

아닙니다. 할 수 있습니다. 원하지 않을 뿐입니다.

나는 지금도 여전히 버스를 운전해 아이들을 데려오는 일을 하고 있습니다.

"목사님은 그런 일을 하시면 안돼요."라고 사람들이 말합니다.

"목사님이 어떻게 버스를 운전하세요, 안돼요."

그러나 나는 오늘도 내일도, 올해도 내년에도 계속해서 버스를 운전할 것입니다. 어떻게 그 일을 할 수 있느냐고요? 나는 제단으로 뛰어가 불을 가져왔습니다. 그냥 갔습니다. 힘든 일이 아니었습니다. 그리고 30년 넘게 같은 일을 해 오고 있습니다. 나는 이것이 변화를 가져온다고 생각합니다.

생각해 보십시오. 내 어머니는 나를 시궁창에 버려두고 다시는 돌아오지 않았습니다. 생각해 보십시오. 한 사람이, 한 크리스천이 멈춰서서 나를 안아올렸습니다. 그가 나에게 음식을 주고 내가 청소년 캠프에 갈 수 있도록 돈을 내주었습니다. 그리고 내가 구원을 받았습니다. 한 사람이 어떻게 변화를 일으킬 수 있습니까? 어떤 사람이 나를 위해 그렇게 했습니다.

영어를 전혀 하지 못하는 한 여성이 우리 예배에서 구원을 받았습니다. 예배 후 그분이 나에게 와서 통역을 통하여 이렇게 말했습니다.

"하나님을 위하여 무엇인가 하고 싶습니다."

이 여성에게 어떻게 말해야 할지 정말 난감했습니다. 언어 장벽이라는 것이 이 푸에르토리코 출신 여성에게 문제가 될 것을 알았습니다. 왜냐하면 우리 사역자들은 모든 사람과 의사소통이 잘 이루어져야 하기 때문입니다. 그래서 나는 "아이들을 사랑해 주십시오."라고 했습니다. 그리고 설명을 했습니다.

"우리에게는 버스가 많습니다. 매주 다른 버스에 타셔서 아이들을 사랑해 주십시오."

그녀는 내 제안을 받아들여서 그대로 하였습니다.

그 여성은 버스에 올라타는 일을 시작하기 한 주 전에 어떤 사람에게 "사랑해요", "예수님이 너를 사랑하신단다."라는 말을 영어로 가르쳐 달라고 하였습니다. 이 말이 그분이 할 수 있는 전부였습니다. 그리고 버스에 올라탄 뒤 가장 초라해 보이는 아이를 찾았습니다. 그 아이를 무릎에 앉히고 주일학교로 오는 길 내내, 그리고 집으로 돌아가는 내내 "사랑해", "예수님이 너를 사랑하신단다."라고 속삭여 주었습니다. 이것이 그녀가 해 준 말의 전부였습니다. 그리고, 그녀가 할 수 있는 모든 것이었습니다. 그러나 아론과 같이 누군가로부터 무슨 일을 하라는 말을 듣고서 그녀는 그대로 했습니다. 그녀만의 간단한 방법으로 아이들을 사랑하였고 이러한 일은 몇 주간 계속되었습니다.

초가을에 그녀는 버스 사역 리더에게 버스를 바꾸어 타는 일은 그만 하고 싶다고 하였습니다. 그녀가 계속해서 타고 싶은 한 버스를 찾았다고 하였습니다. 그녀가 타고 싶어 한 그 버스에는 한 작은 소년이 있었습니다. 그녀는 이 작은 아이에게 모든 시간을 쏟고 싶었던 것입니다.

이 작은 소년은 3살 정도였습니다. 마르고 아주 더러운 아이였습니다. 더 중요한 사실은 이 아이는 한 번도 말을 한 적이 없습니다. 우리 사역자 중 한 사람이 이 아이에게 접근하였습니다. 사역자들은 그에게 주일학교에 관해 얘기해 주고 버스 타는 법을 알려 주었습니다. 그리고 그가 왔습니다. 형제 자매, 그리고 이웃에 사는 친구들은 이 작은 아이와 어울려 지내지 않았습니다. 그는 혼자서 버스에 올랐습니다. 매주 토요일 그는 자기 아파트 앞 계단에 앉아 메트로 주일학교 버스가 오기를 기다리고 있었습니다.

이 아이가 버스에 올라탈 때마다 푸에르토리코 여성은 아이를 팔로 안아서 무릎에 앉혔습니다. 그리고 계속해서 "사랑해", "예수님이 널 사랑하신단다."라고 말해 주었습니다. 주일학교 오는 길 내내 그렇게 말해 주었고 집으로 가는 길에도 똑같이 반복하였습니다. 한 주 한 주 이와 같은 일은 계속되었습니다. 그녀는 매우 신실하게 했습니다. 몇 주가 지나 몇 달이 되었습니다. 그래도 그녀의 그 정해진 일정은 변하지 않았습니다

크리스마스 2주 전, 그녀의 일정이 바뀌었습니다. 여느 때와 같이 아이들이 버스를 탔고 하나님을 위해 무엇인가 하기를 원하는 한 여성으로부터 관심과 사랑을 받았습니다. 그들은 다같이 주일학교에 갔습니다. 주일학교를 마치고 아이들은 다시 집으로 가기 위해 버스를 탔습니다. 집으로 가는 길에 이 여성은 소년을 팔로 안아 무릎에 앉혔습니다. "사랑해", "예수님이 너를 사랑하신단다."라고 말해 주었습니다. 버스가 소년의 아파트 앞에 섰을 때, 소년은 여느 때처럼 버스에서 내리자마자 집을 향해 달려가지 않았습니다. 이번에는 내리자마자 뒤로 돌았습니다. 처음으로 아이가 무슨 말을 하려고 노력했습니다.

"나, 나, 나도… 사, 사랑…해요."

이 말을 하더니 아이는 그 동안 자기를 아껴 주고 안아 준 이 여성을 끌어안았습니다. 토요일 오후 2시 30분에 있었던 일입니다.

바로 그날 저녁 6시 30분 정도에 소년의 시신이 그의 아파트 비상

구 아래에서 발견되었습니다. 우리 사역자 중 한 사람이 그 작은 아이의 삶 속에서 심각한 심정의 변화를 감지한 날 오후에, 그의 어머니가 그를 살해한 것입니다. 아들을 때려서 죽인 다음 쓰레기봉지에 넣어서 버렸던 것입니다.

그 아이가 죽기 전 마지막으로 들은 말은 영어를 전혀 못 하는 한 여인이 전한 말이었습니다.

"사랑해, 예수님이 널 사랑하신단다."

기독교적 신앙이라는 시각으로 보면 이 일 안에서 자격이 있는 사람은 아무도 없습니다. 그러나 우리 모두는 역할이 있습니다. 그렇지 않습니까? 나는 머리가 뛰어난 사람도 아니고 또 그런 것처럼 보이려고 노력도 하지 않습니다. 나는 유명한 저술가도 아니고 사역 전문가 또한 아닙니다. 나는 다만 버스를 운전하는 사람입니다. 다른 사람들이 나와 함께 일하기로 합류하기 때문에 우리는 변화를 일으키고 있다고 믿습니다.

나는 오늘 영어를 할 줄 모르나 하나님을 위해 무엇인가 하려는 불타는 소원을 가진 한 여인 때문에 한 작은 아이가 천국에 갔다고 믿습니다. 나는 이 여성이 시간을 내서 더러운 작은 아이를 품에 안고 그녀가 사랑하고 예수님이 그를 사랑한다고 말하였기 때문에, 한 소년의 삶에 영원한 변화를 주었다고 믿습니다. 다른 방법으로 나를 확신시킬 수 있는 사람은 없습니다.

한 침례교 목사님이 "한 사람이 변화를 가져올 수 있다고 생각합니까?"라고 질문했습니다.

예. 나는 한 사람이 변화를 가져올 수 있다고 생각합니다. 여러분은 어떻게 생각하십니까? 중요한 것은 저 밖에 – 어딘가에, 오늘, 바로 지금 – 한 아이가 있다는 것을 기억하는 것입니다. 또 다른 아이가 오늘 굴레 가운데 앉아 있습니다. 필요한 것은 그 아이의 삶에 변화를 가져다 줄 한 사람입니다.

빌 윌슨 목사와 미주리 주 상원의원 존 애시크로프트가 메트로교회 주변 지역을 조사하고 있다. 조지 부시 대통령은 이 두 사람을 미국 도시 지역 가족 국가 위원회 위원으로 임명하였다.

사랑하는 아이들이 죽음을 당한 곳에 그들을 기억하는 낙서 기념물이 세워져 있다.

이 아이는
내 아이입니다

우리는 이제 이 세대를 위해 얘기해야 한다.
"우리가 무언가를 하지 않는다면 누가 하겠습니까?"
빌 윌슨

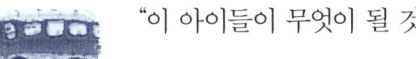 "이 아이들이 무엇이 될 것인가?"

나는 이 질문을 수백 번도 더 해 보았습니다. 이 질문은 내가 볼 때 잘못된 질문입니다. 나에게는 '이 아이들이 무엇이 될 것인가'보다는 '무엇이 되지 않았다'가 더 중요합니다.

한 주일학교 참관자가 이 말을 이해하는 데 그리고 우리가 여기서 하고 있는 일을 이해하는 데 어려움을 겪었습니다. 그들은 흥미있는 프로그램과 헌신된 사역자들을 보았지만 우리가 직면한 도전의 깊이는 이해하지 못했습니다. 4만 명이 사는 지역에서 2만 명의 사람들의 삶을 만지고 있다 하면 인상적으로 들릴 것입니다. 그러나 뉴욕의 5개 구역에는 백만 명 이상의 어린이들이 있습니다. 우리는 겨우 5%도 안 되는 어린이들에게 다가가고 있는 것입니다.

길거리 한구석에서 마약과 매춘에 빠져 있는 청년들을 보며 생각합니다.

'저들이 어렸을 때 우리가 여기 있었다면 저들에게 다가갈 수도 있었을 텐데.'

내가 우리 버스에 타는 아이들이 의사, 변호사, 회계사가 되리라고 기대할까요? 이들 중에 한두 명쯤은 그럴 수도 있습니다. 그러나 솔직히 말씀드리자면 나는 이 아이들의 장래 직업에 관심이 없습니다. 나에게 있어 성공은 이들이 플러싱애비뉴에서 혹은 트라우트맨을 파는 구역에서 매춘부나 마약 판매업자가 되지 않는 것입니다. 이것이 우리가 하고 있는 이 일에 열심을 내는 이유입니다.

최근 나는, 한때 우리의 요기 베어 주일학교 학생이었지만 지금은 쓰레기 수거원으로 일하는 한 사람과 이야기를 나누고 나서 전율을 느꼈습니다. 그의 초봉은 3만 2천 불이 조금 더 되었습니다. 다른 대안과 비교해 볼 때 그는 대단한 성공을 한 것입니다.

나는 여기에 있을 것입니다

우리의 목표는 우리 학생들이 고등학교나 대학을 마치고 나서 더 나은 지역으로 이사가는 것을 보는 것이 아닙니다. 그런 사고방식이 처음 빈민가를 만들었습니다. 우리의 목표는 '누가 남아서 이 싸움을 계속할 것인가? 누가 부시윅에 집을 사고 누가 변화의 촉매제가 될 것인가?' 하는 것입니다.

사역자 한 분이 한 젊은 자매에게 장학금 혜택이 많은 플로리다의 크리스천 대학에 지원해 보라고 권했습니다. 그러나 그녀는 이렇게 말했습니다.

"아닙니다. 제가 어떻게 제 여동생을 여기에 두고 떠날 수 있겠습니까?"

삶을 투자한 이 젊은이들에게 무슨 일이 일어났을까요? 어떤 이들은 대학에 있고 또 어떤 이들은 여기에 남아서 일자리를 찾았습니다. 또 어떤 이들은 전임 사역을 준비하고 있습니다. 또 어떤 이들은 현재 메트로 교회의 직원으로 일하고 있습니다.

종종 이런 질문을 받습니다.

"빌, 성공률이 언제 80, 90, 100%가 될까요?"

"그럴 날은 아마 없을 것입니다."

사회학자들은 도시 빈민의 문제에 대해 지속적으로 연구하고 있습니다. 나는 그들에게 겨우 4명 중에 한 사람이 인생에서 성공할 것이라고 말합니다. 씨앗의 비유에서 나오는 네 가지 종류의 땅이 여기에서 많은 것을 의미합니다. 그리고 아주 정확합니다. 오늘로부터 10년 후에 우리가 하고 있는 훈련에서 훈련생의 반이 생산적인 시민과 크리스천 부모가 된다면 우리는 성공률이 두 배가 될 것입니다.

우리가 지금 하고 있는 일이 대규모 단위로 여러 곳에서 실시되지 않는다면 우리는 수백만의 젊은이들을 놓칠 것입니다. 이러한 이유 때문에 우리는 크리스천 교육가와 청소년 사역자들 손에 우리의 교육 과정이 놓이도록 열심히 노력하고 있습니다. 토요일 아침마다 우리가 제시하는 것들은 프로그램으로 만들어져서 미국 전 지역과 해외에서 교재로 사용되고 있습니다.

무책임

1992년 폭동이 끝날 무렵 나는 로스앤젤레스에 있었습니다.

거기서 발생한 일은 로드니 킹이 경찰에 구타당한 것이 아니었습니다. 그것은 아무런 가치를, 즉 그리스도와 아무런 관계를 갖지 않은 사람들로 가득한 한 지역에 관한 것입니다. 이것이 무책임을 낳게 했습니다.

로스앤젤레스에 있는 동안 나는 복구를 돕기 위해 소집된 구역의 한 군인과 대화를 나누게 되었습니다. 그는 나에게 이렇게 말했습니다. "가장 가슴 아픈 것은 가게에서 물건을 가득 들고 나오는 엄마와 두 아이였습니다. 저는 급히 한 소년에게 가서 그 물건들을 내려놓으라고 했습니다. 아이는 8~9세 정도였는데 저를 보더니 '당신 말을 듣지 않을 거야.' 하고는 엄마를 따라갔습니다."

나는 도시가 실패한 이유를 누구나 다 알고 있다고 말하지 않겠습니다. 그러나 크리스천이라면 선교에 대한 우선순위를 고쳐야 한다고 생각합니다.

전세계 해외 선교 자금의 90% 이상이 미국에서 나갑니다. 아이티, 헝가리에 있는 크리스천 사역자를 후원하는 일은 훌륭합니다. 그러나 우리가 우리나라를 잃어버린다면 더 이상 더 많은 곳에 선교자금을 보내는 것이 의미가 없어집니다.

　우리의 도시에 보다 많은 크리스천 사역자를 보낼 필요가 있습니다. 예를 들어 8블록에서 10블록에 있는 아이들에게 효과적으로 다가가기 위해서는 한 명의 전임 사역자가 필요합니다. 뉴욕 시에만 수백 명의 사역자가 필요합니다. 이 숫자는 미국 어느 주요 도시에서든 유사한 사역을 할 때 필요한 숫자일 것입니다.

세상의 사이드워크들

우리는 지난 6~7년 동안 꾸준히 청소년들에게 접근하는 프로그램을 개발해 왔습니다. 이것이 바로 가능성이 무한한 사이드워크 주일학교입니다.

　이 아이디어는 메트로교회의 손길이 필요한 모든 어린이들에게 현실적으로 모두 다가갈 수 없기 때문에 실행하게 되었습니다. 이것은 내가 수 년 전에 세인트 피터스버그에서 시작한 성경 클럽을 몇 군데 고친 것입니다.

　매주 우리는 정규 버스 운행 지역이 아닌 지역으로 나갔습니다. 팀을 짜서 트럭을 끌고 다니면서 공원이나 혹 다른 곳에서 주일학교 수업을 한 것입니다. 작은 트럭은 재빨리 오픈 에어 무대로 변형할 수 있도록 제작했습니다. 우리는 매주 같은 시간에 같은 장소로 갑니다. 우리는 방문의 중요성을 강조하였고 사람들이 왔습니다. 날씨에 상관없이 아이들뿐만 아니라 부모님, 그리고 청소년들도 왔습니다.

어느 곳에서든 평균 150명에서 500명에 이르는 회중들이 모였습니다. 형식은 교회 예배와 같았습니다. 다른 것이 있다면 야외에서 모인다는 점이었습니다.

매주 거의 200개의 사이드워크 주일학교가 로워 이스트 사이드, 파락어웨이, 이스트 뉴욕, 헌츠 포인트 등 우리 도시에서 가장 필요가 많은 지역에서 열립니다. 대부분 노숙자와 가정 폭력의 피해자들이 모여 사는 곳 근처입니다.

이 프로그램을 진행하고 있는 사람들은 매주 점점 더 열정이 쌓여 갑니다. 로워 이스트사이드 프로그램 디렉터였던 분은 이렇게 말했습니다.

"돈이 문제가 되지 않습니다. 헌신된 사람들이 더 있었다면 이것은 아마 이 세상 최고의 사역이 됐을 겁니다. 제가 본 중에서 가장 확실한 형태의 복음이었습니다."

몇몇 참관자들은 이 이념이 매우 강력한 것이므로 현대 사회 부흥의 선봉이 될 것으로 생각했습니다. 운영 비용이 많이 들지 않고 크기와 경제 수준에 관계없이 미국 내 모든 도시와 마을에서 적용할 수 있기 때문입니다. 하류층, 중산층, 상류층 모든 지역에서 실행할 수 있습니다.

또 우리는 이렇게 말하는 것을 많이 들었습니다.

"메시지가 단순하여 누구나 이해할 수 있습니다."

이 프로그램은 미국 내 300여 개 도시를 비롯해 전세계 많은 곳에서도 따라 하고 있습니다. 우리는 우리의 사역이 전세계 수백만의 사람들에게 복음을 전하는 하나의 운동이라고 믿습니다.

변명은 이제 그만

이렇게 말하는 분들이 있을 겁니다.

"나도 이런 일을 하고 싶은데 시간이 없어."

내가 19살 때는 이런 변명을 믿곤 했습니다. 그러나 나는 사람들은 자신이 원하는 것에는 시간을 낸다는 것을 알았습니다.

내가 다른 도시에서 주일학교를 시작하는 일에 시간을 낼 수 있습니까? 다른 나라에서는요? 없습니다. 그러나 나는 합니다. 중요하기 때문입니다. 나는 최근 아르헨티나에서 사역자 훈련을 마치고 돌아왔습니다. 수천 명의 어린이들이 La Escuela en la Calle 혹은 '주일학교'라고 하는 곳에 참석하고 있습니다. 그들의 사이드워크 주일학교입니다. 그곳에 가는 데 17시간, 돌아오는 데 17시간 비행기를 탔습니다. 진이 빠지는 일이지만 이것이 중요하다고 믿기 때문에 시간을 냅니다. 최근에는 인도와 케냐까지 다녀왔습니다.

나는 최근 영국의 마크 그리핀이라는 의사가 '한 세대에서 멸망까지'라는 제목의 논문으로 박사 학위를 받았다고 들었습니다. 그는 논문에서 아이들의 삶에 가장 큰 영향을 줄 두 사람의 이름을 거론했는데, 한 명은 로버트 레이크(1735~1811)이요 다른 한 명은 주일학교를 부흥시킨 빌 윌슨이었습니다.

성경은 많이 준 자에게 많은 것을 요구할 것이라고 말씀합니다(눅 12:48). 어렸을 때 아무도 없는 나에게 누군가 와서 나를 구해 주었다는 그 의미를 나는 완전히 이해하고 있습니다. 나는 지금 어린이들에게 다가가는 삶이 참으로 기쁩니다.

우리는 더 이상 이 애가 필요 없어요

내가 플로리다에서 청년 담당 목사로 있을 때 어느 날 밤 한 부부가 나를 찾아와서 말했습니다. 그들은 아들 제이슨을 데리고 왔습니다.

"이 아이를 맡으세요. 이제부터 얘는 당신 아이입니다."

아버지가 말했습니다.

제이슨은 순간적으로 적을 만드는 그런 아이였습니다. 그는 계속해서 문제를 일으켰습니다. 학교에서, 집에서, 교회에서.

교회의 집사들은 이 아이가 주변에 있으면 몇 번을 화를 내게 되는가 셀 정도였습니다. 어느 날 제이슨은 오토바이를 빌려 타고 예배 시작 바로 전에 교회 잔디 위를 달렸습니다. 한 집사님이 그의 셔츠를 잡고 그를 오토바이에서 낚아챈 다음 땅으로 던졌습니다. 그 다음 무슨 일이 일어났냐구요? 집사님한테서 나와서는 안 되는 말이 나왔습니다. 빈민가 뒷골목에서나 들을 수 있는 그런 말로 그를 호되게 야단을 쳤습니다.

사람들은 여러분을 좋아하지 않으면 여러분의 말을 듣지 않습니다. 많은 사람들이 목사가 좋아서 혹은 교회 안에 어떤 사람이 좋아서 교회에 참석합니다. 그렇지 않다면 거기에 있지 않을 것입니다. 나는 오토바이 사고가 난 현장으로 달려가서 제이슨을 놓고 집사님께 애원했습니다.

그날 밤 내 아파트에서 나는 그를 위해 다시 한 번 서 있어야 했습니다. 나는 그를 집 안으로 들어오게 했고 내 피붙이인 것처럼 몇 해를 키웠습니다.

부모가 그를 버렸습니다. 예수님이라면 그렇게 안 했을 겁니다. 나는 내가 진 빚을 갚는 데 삶을 헌신하고 있습니다. 내가 버림받았을 때 나를 구해 준 어떤 사람에게 헌신하는 것이 아니라 갈보리에서 날 위해 생명을 버리신 그리스도께 헌신하고 있습니다.

전략

미국의 모든 도시와 작은 마을에는 위기에 처한 아이들이 있습니다. 가정의 갈등은 맨해튼, 캔자스, 그리고 뉴욕에서 똑같이 나타나고 있습니다. 어디에 살든지 속을 들여다보면 사람들의 삶은 비슷합니다. 여기 뉴욕에는 그런 사람이 조금 더 많을 뿐입니다. 그것이 유일한 차이점입니다. 거의 9백만이나 되는 사람들이 작은 구역에 집중해서 살고 있으니 적대감과 폭력이 있는 것은 놀랄 일이 아닙니다.

전국에 있는 지도자, 성직자들과 상담을 하면서 우리는 같은 인간의 문제를 다루고 있다는 것을 알게 되었습니다. 죄는 죄입니다. 장소와 상관이 없습니다.

우리가 사는 나라가 주님을 믿는 나라가 되길 원한다면 한 도시니 특정 지역 혹은 한 동네를 한꺼번에 구원하려고 하는 전략을 세워서는 안 됩니다. 기꺼이 한 사람 한 사람 전도하는 방법으로 나라를 구원해야 한다는 것을 명심해야 합니다.

우리 사역의 성공은 규모가 큰 연합이 아니라 주님을 섬기는 개개인이 구원받는 일입니다.

텔레비전 예배나 사람들로 가득한 경기장에서의 예배는, 지역 교회를 섬기며 길 잃은 아이들을 위해 시간을 내는 헌신된 크리스천과 동일한 영향력은 절대 갖지 못할 것입니다.

우리는 하나님께서 지역 교회를 지명하셨다는 사실에서 절대 눈을 떼서는 안 됩니다. 이것은 여러분이 알고 있는 어떤 유명한 사역보다도 훨씬 더 가치 있는 일입니다. 이것이 신약의 계획이었으며 지금도 그러합니다. 지역 교회는 리더십, 제자, 그리고 선교를 하기에 필요한 관계를 갖고 있습니다.

이렇게 말할지도 모릅니다.

"우리 교회는 죽었어! 그걸 우리가 어떻게 움직여?"

우선, 당신의 목사님을 비판하지 마십시오. 그가 보는 것을 당신이 항상 볼 수 있는 것은 아닙니다. 당신은 그 짐을 지고 가지 않습니다. 게다가 교회를 혁명시키는 일은 회중 안에 있는 한 개인이 하는 것입니다. 나는 이 일을 보고 보고 또 보고 있습니다. 주님이 당신을 그 사람이 되게 하신다면 한 걸음 전진하고 시작하십시오. 우리는 효과적인 방법을 알고 있으며 어떻게 하는 것인지 가르쳐 드릴 수 있습니다. 하지만 우리가 가르쳐 드릴 수 없는 것이 하나 있습니다. 그것은 당신이 살고 있는 지역 한 사람 한 사람의 영혼에 대한, 당신의 가슴 속에서 불타는 열정입니다. 그것은 당신과 하나님만 알고 있습니다.

이런 말을 하실 날이 올 것입니다.

"누가 나와 함께 하든지 걱정 안 해. 나는 그리스도를 위해 한 번에 한 명씩 사람들을 데려오는 일을 할 준비가 되어 있어."

그 일을 시작하는 순간, 당신은 당신의 리더십을 기다리고 있는 많은 사람들로 인해 놀랄 것입니다. 당신이 꿈도 꾸지 못한 그 이상의 부흥이 일어날 것입니다.

오늘날 도시 빈민촌 안에 있는 주일학교는 전국적으로 거대한 버섯처럼 솟아오르고 있습니다. 그러나 빈곤과 범죄의 온상인 곳만 우리의 목표가 되어서는 안 됩니다. 견고하고 옳고 도덕적인 사회를 만들어야 하며 그것을 유지하기 위해 헌신해야 합니다. 위대한 사역은 마약과 마약 남용으로 인한 인명의 피해를 막는 것만을 의미하지 않습니다. 예방을 목표로 하여 청소년이 죄의 파괴력을 경험할 필요가 없게 하는 것입니다. 우리는 기도를 배워야 합니다.

"주님, 그들의 몸과 마음이 사탄에 의해 더럽혀지기 전에 그들에게 다가가도록 도와주십시오."

많은 제3세계 국가들은 인구의 60%가 14세 이하입니다. 그러나 어린이들에게 접근할 전략을 가지고 있는 선교 단체는 지극히 적습니다.

멕시코시티에 갔을 때 지역 공산당이 후원하는 금요일과 토요일 밤의 거리 축제를 보았습니다. 공연이 끝난 뒤에는 마르크시스트 정치 인쇄물들을 나누어 주고 있었습니다. 청소년들이 수천 명씩 떼를 지어 그것을 보러 왔습니다. 왜 우리는 이런 것을 배우는 데 이토록 느린 것입니까?

담대한 단계

인생에서 가장 어려운 두 가지는 시작하는 것과 끝맺는 것입니다.

한번은 우리 프로그램의 비평가가 이렇게 말했습니다.

"빌, 당신은 아이들을 세뇌시키고 있습니다!"

제발 그것이 가능했으면 좋겠습니다. 우리는 아이들을 겨우 일주일에 한 시간 반 정도 데리고 있습니다. 이것은 그들의 일상 생활을 둘러싸고 있는 쓰레기와 비교해 볼 때 매우 적은 시간입니다.

진정 삶이 변화되는 것을 보고자 한다면 우리는 비상한 조치를 취해야 합니다. 당신이 제시하는 것이 그 아이가 복음을 들을 수 있는 마지막 기회일지도 모릅니다. 그렇기에 영혼 깊은 데서 우러나오는 것이 되어야 하며 능력과 활력이 있어야 합니다. 그것은 삶과 죽음의 문제입니다. 우리는 아이들 모두를 얻지는 못할 것입니다. 그러나 하나, 또 하나, 그리고 또 하나를 얻을 것입니다.

최근 메트로 주일학교에서 수 년째 봉사하고 있는 한 젊은 자매와 이야기를 나누었습니다.

"빌 목사님, 제 삶에서 제가 알고 있는 것의 반은 목사님한테 배웠다고 말씀드리고 싶어요."

우리는 한동안 이야기를 나누었고, 그녀가 배운 가치라는 것은 기본 주제를 끊임없이 반복해서 망치로 두들겨서 만든 결과라는 것을 알게 되었습니다. 한 주 한 주 우리는 계속 망치질을 합니다.

버스 사역자 중에 밀리라는 분은 10대 시절부터 이 프로그램에 참여해 왔습니다. 그녀는 우리 주일학교에 나오는 두 소년의 엄마이기도 합니다. 나는 그녀가 왜 계속해서 참여하는지 물었습니다.

"제 친구 중에 많은 이들이 삶을 버리는 것을 보았습니다. 그러나 주일학교는 제 삶을 변화시켰습니다."

그리고 그녀는 또 말했습니다.

"나는 내 아들들도 지금의 나와 같은 사람이 되기를 바랍니다. 크리스천이요."

밀리의 남편은 살인죄로 연방 감옥에 있습니다.

"그는 친구를 잘못 사귀었어요. 나는 내 아이들이 예수님의 가르침을 따르도록 기도하고 있습니다."

이제 시작일 뿐입니다

우리의 사역이 성공하고 있습니까? 숫자는 솔직히 부수적으로 따라오는 것일 뿐입니다. 성공을 재는 유일한 기준은 '한 아이의 삶에 어떤 일이 일어나는가' 하는 것입니다. 그러나 다른 사람들은 또한 유익함을 경험하기도 합니다. 예를 들어 지역사회의 변화입니다.

정부 소속의 도시 갱생 브루클린 지도자인 데이비드 페잉올드가 전에 내게 이렇게 말했습니다.

"부시윅이 새로운 임대 정부 주택지로 채택된 이유 중 하나는 당신의 사역이 이 지역사회의 분위기와 태도에 변화를 가져왔기 때문입니다. 당신의 사역 때문에 현재 이 지역은 '투자가치가 있는 곳'처럼 보입니다."

심지어 세속 사회에까지 이 변화는 분명히 감지되고 있습니다. 그러나 아직도 갈 길이 멉니다.

노만 빈센트 필이 메트로교회의 강단에 서서 한 말을 나는 평생 잊지 못할 것입니다. 93살 된 노년의 긍정적 사상가가 가이드포스트 지 선정 '올해의 교회' 상을 수여하기 위해 거기에 섰습니다. 그가 말했습니다.

"당신은 여기 하나님과 아들을 위해 위대한 사역을 이루었습니다. 그러나 앞으로 갈 길이 더 많이 남아 있습니다."

내일은 어떤가요? 아직도 우리에겐 꿈과 계획이 있을까요?

그렇습니다! 사역자 주택이 더 많이 필요하고, 성인을 수용할 큰 건물 몇 개가 더 필요하고, 사이드워크 주일학교 트럭과 더 많은 헌신된 사역자들이 필요합니다.

오늘까지 우리는 이 시의 5%만을 구했습니다. 첫 해에 우리는 사람들이 오기를 원했고 보이는 모든 곳에 응급조치를 취했습니다. 매춘부, 노숙자, 마약 중독자, 폭력 강도들까지.

그러고 나서 고개를 들고 외쳤습니다.

"주님, 이 모든 필요를 다 채울 수가 없습니다!"

마지막으로 우리는 우리가 최선을 다하고 있는 한 가지 일에 초점을 맞추어야 한다는 것을 배웠습니다. 내 경우에는 한 번에 한 명의 어린이에게 영향을 미치는 것입니다.

우리의 약한 부분은 무엇입니까? 간단히 말하면 사역자이며 돈입니다. 헌신된 사람들과 재정적 후원이 있다면 우리가 무엇을 할 수 있는지 잘 알고 있습니다. 나는 다만 이 일이 어느 정도 빨리 이루어지길 기도합니다. 이 프로그램은 전국에 있는 많은 사람들을 고무시켰고 현재를 넘어서는 새로운 일을 시작하도록 하였습니다.

오하이오 출신의 상담가 짐 데이빗슨은 병원을 닫고 클리블랜드에서 마음과 손 사역을 시작하였으며, 수천 명의 사람들을 만났습니다. 은행가였던 빌 그레이는 일찍 은퇴하고 앨라배마 모바일에서 대규모 어린이 사역을 시작하였습니다.

우리의 프로그램은 이제 워싱턴 DC, 달라스, 워스, 휴스톤, 디트로이트, 로스앤젤레스 등에 주일학교 지점을 두고 거대한 나무처럼 자라고 있습니다.

아무 생각이 없었습니다

시궁창에 앉아 있는 나를 발견하고 비용을 대서 나를 청소년 캠프에 보낸 데이비드 루데니스가, 나를 놀래 주기 위해 '이것이 당신의 인생이다'라는 프로그램 촬영장에 왔습니다.

"그 일이 이렇게 될 거라고 생각하고 하셨습니까?"

내가 묻자 그는 나를 바라보며 말하였습니다.

"나는 아무 생각 없이 했습니다."

그러고는 말을 이었습니다.

"또 이런 기회가 있다면, 나는 똑같이 할 것입니다."

많은 사람들로부터 크게 성공했다고 인정받은 삶은 아니었습니다. 그는 텔레비전에 나간 적도 없고 큰 회중 앞에서 연설한 적도 없습니다. 그저 공구가게를 소유하고 있고, 자동차 경주를 좋아하며, 조용히 지역 교회에서 주님을 섬기는 분입니다. 대부분의 사람들의 기준으로 볼 때 그는 지극히 평범한 사람입니다.

그러나 그는 작은 소년의 슬픈 눈을 보고 "이 아이가 누구의 아이일까?" 의아해하였습니다.

그날 나는 그를 통하여 하나님의 부르심을 받게 된 것입니다.

데이비드의 인생은 언뜻 평범한 것처럼 보입니다. 그러나 그가 움직이게 한 것들을 생각해 보십시오. 데이비드가 필요를 보지 않았더라면 내 인생이 어떻게 되었을까…. 생각도 하고 싶지 않습니다.

매주 나는 기금 마련을 위해 교회를 방문해 설교를 하고, 신자들과 이야기를 나눕니다.

그럴 때면 어김없이 듣는 질문이 있습니다.

"이 아이는 누구의 아이예요?"

저쪽, 책들 옆에 수북히 쌓여 있는 서류들에는 주일학교를 다니기 위해 후원자가 필요한 아이들의 사진과 설명이 적혀 있습니다. 사람들은 무슨 책을 살까 고민할 때 누구를 후원할지 생각해 볼 기회를 갖게 됩니다.

사실 이 책의 제목은 한 여인이 수 년 전에 던졌던 질문에서 나왔습니다.

"이 아이는 누구의 아이지요?"

그녀는 서류를 보며 물었습니다.

그리고 질문을 한 순간 그녀는 '이해'를 했고, 스스로 대답했습니다.

"이 아이는 내 아이예요."

나는 항상 말합니다. 어떠한 아이라도 자기를 진심으로 챙겨 주는 단 한 사람만 있다면 나쁜 길로 가지 않을 거라고. 우리는 나라를 바꾸지 못합니다. 도시도 바꾸지 못합니다. 그러나 단 한 명을 바꿀 수는 있습니다. 누군가 나를 구해 주었고 나를 변화시킨 것처럼요. 그 아이가 바로 내 아이입니다.

> 너희는 가서 모든 민족을 제자로 삼아 아버지와 아들과 성령의 이름으로 세례를 베풀고 마 28:19

에필로그

'누구의 아이인가' 개정판을 쓰면서 저절로 메트로 교회 시절로 돌아가게 됐습니다. 그때를 회상하면서 정말로 하나님을 봤습니다. 나뿐만 아니라 직원들과 수천 명의 아이들이 하나님의 보호하심을 느낄 수 있었습니다.

이 책이 31개의 언어로 출판된 후 이 책을 읽은 수천 명의 독자들에게 특별히 감사한 마음을 전합니다. 이 책을 읽은 많은 사람들과 사역자들이 잃어버린 세대를 회복시켜야 함을 절실히 느꼈고, 나아갔으며, 해냈습니다! 이 책과 메트로 교회의 증언이 그들의 마음에 곧 자라날 씨앗을 심어 주었다는 것에 하나님께 감사드립니다.

이제 나는 인생의 마지막 장을 넘기고 있다는 걸 압니다. 하지만 지금이 절대 은퇴하거나 속도를 늦추거나 모든 걸 쉽게 받아들이는 시점이 아니란 것도 압니다. 복음은 우리 도시의 사람들에게 엄청난 영향을 주었습니다. 그곳이 뉴욕이든 필리핀이든 루마니아든, 혹은 이 땅에 있는 어느 곳이든 같은 역사가 일어남을 직접 체험했습니다.

아이들의 삶은 하나님을 인정하는 순간부터 바뀌었으며, 미래가 생겨났습니다. 마약 거래상이나 매춘부가 바뀌는 것도 봤습니다. 그런 변화들은 하나님을 위해 무엇인가를 더 해야겠다고 나를 부추겼습니다.

2011년에는 소말리아에 있는 난민촌을 방문하였습니다. 많은 사람들이 그곳엘 왜 가느냐고 물었습니다. 그곳에서 내가 무얼 할 수 있었을까요? 난민촌은 소말리아와 케냐의 경계선 근처에 있는 황량한 곳이었습니다. 우리는 계속 운전했습니다. 어느 순간 도로가 없어진 뒤에도 4시간이나 더 달렸습니다.

마침내 도착한 그곳에서는 수천 명의 사람들이 죽음에 이를 정도로 굶주리고 있었으며, 우리에게 울며 도움을 청했습니다. 그 광경을 보고 내가 뉴욕에 있었을 때 어느 한 사람이 "희망이 없어. 너는 도울 수 없어."라고 한 것이 기억났습니다. 그리고 희망이 없는 게 아니야. 그들은 그저 희망을 모르고 있을 뿐이야."라고 답했던 게 기억났습니다. 물론, 예수님이 희망입니다. 우리는 그 희망을 전해 주어야 합니다. 그것은 내가 치는 드럼이 되고 그 드럼은 나'의 마음에서 울립니다. 우리가 하나님께 분부받은 것은 분명합니다.

저자 소개

빌 윌슨은 세계에서 가장 큰 주일학교인 뉴욕 메트로교회의 설립자이자 목사이며, 뉴욕 브루클린에 국제 크리스천 인도주의 조직을 세우기도 했다. 그를 통해 뉴욕을 비롯한 전세계 7만 5천 명 이상의 학생과 가족들이 매주 주일학교에 나가게 되었다.

'아이들의 인격을 만지는 것이 어른들을 치유하는 것보다 쉽다'는 그의 원칙은 영향력 있는 목사들을 움직여 세상에 변화를 가져오게 했다.

알코올 중독자였던 그의 엄마는 12년 동안 상처만 새겨놓은 채 그를 버렸으며, 지금까지도 그에겐 상처가 남아 있다. 이 고통스러운 과거는 그가 만나는 아이들도 똑같이 경험한 것이었다. 그들은 부모와 사회뿐 아니라 마땅히 도움을 받아야 했던 정부기관에서도 버림을 받아 아파 하고 있었다.

소심한 작은 아이였던 빌은 이제, 그런 아이들과 어둠에 싸인 도시에 희망을 주는 사람이 되었다. '목사 빌 윌슨'은 총상을 입어 입원을 해야 했고, 강도를 만나 턱을 다치기도 했다. 그러나 이러한 개인적인 역경과 고난을 통해 그는 '무슨 일이 일어나든지 다 하겠노라'는 다짐을 하게 되었다.

빌은 언제나 말한다. "너의 마음에서 어떤 일이 일어날 것인가가 어떤 일이 일어났느냐 하는 것보다 중요하다."라고.

2007년에는 메트로 국제 사역센터가 세워졌다. 이 기관에서는 GED(미국과 캐나다에서 정규 고교 교육을 마치지 못한 사람을 위한 고졸 학력 인증서 - 역자 주)와 음식을 제공하고, 많은 아이들이 그리스도를 믿게 한 빌의 트레이닝 프로그램도 함께 나눈다.

이 책 <누구의 아이인가>는 현재 전세계 31개 언어로 번역되어 위대한 사역과 복음전파의 도구로 쓰임받고 있다.

누구의 아이인가?

초판 2쇄 발행 _ 2023년 2월 28일

지은이 _ 빌 윌슨
옮긴이 _ 윤은숙
펴낸이 _ 김영진
펴낸곳 _ 성서원
주소 _ 경기도 고양시 덕양구 덕은동 191-8 우)412-170

주문 및 문의 전화 _ 02-765-0011
팩스 _ 02-743-6811
성서원 북카페 _ http://cafe.naver.com/biblehouse1972

온라인 서점 _ www.bibleeshop.com(T.02-597-1599)
성서원 홈페이지 _ www.biblehouse.co.kr
발행처 _ (유)성서원

출판 등록일 _ 1997년 7월 8일(제300-1997-79호)
ISBN 978-89-360-1980-8 03230

이 책은 저작권법에 따라 보호받는 저작물이므로 무단 전재와 무단 복제를 금지하며,
이 책의 내용의 전부, 또는 일부를 이용하려면 반드시 저작권자와 (유)성서원의
서면 동의를 받아야 합니다.

• 잘못된 책은 바꾸어 드립니다.
• 책값은 뒤표지에 있습니다.

성서원은 독자 여러분의 책에 대한 아이디어와 원고 투고를 기다리고 있습니다.
책의 내용과 연락처를 이메일 biblehou@gmail.com으로 보내 주시면
정성껏 검토한 후 알려 드리겠습니다.

* 본문에 나오는 성경 구절은 개역개정판을 따랐습니다.